幹部の能力開発・自己啓発

高見 尚武 著

近代消防社 刊

目次

第5章　自己啓発による能力向上法

序章

変革への対応

行財政改革、公務員制度改革、行政の広域化等、行政の組織制度、権限、責任の所在等、多くの改革が求められています。地方分権一括法が制定され、国、都道府県、市町村は従来の縦割り行政から横並びの組織に改め、相互に協力し合う体制になりました。しかし、国の省庁の縄張り意識は依然強く、財政や権限等を地方に委譲することには強い抵抗を示しています。しかし、徐々にではありますが、地方の発言権が増し、改革も少しずつ進んでいます。これからの地方行政は、①「自立性」、②「独自性」、③「競い合い」の三つが強く求められます。「自立」とは、地域の実情に熟知した者が自らの責任に於いて行政を行うことをいいます。戦後、新憲法が制定され、地方自治の本旨が憲法で定められましたが、その後、国は産業・経済の高度化を目指し、中央集権政策をとるようになりました（このことは国力を高めるうえで必要なことでした）。国は法令、財政（地方交付税、補助金等）、政策、準則、行政指導等を通じて地方行政をコントロールし、よく言えば国・地方自治体が相互にもたれあいながら行政を行ってきました。ところが、バブル経済が崩壊（一九九一年）し、経済は低迷して失われた十数年が過ぎました。最近、一部に景気が回復してはいるものの、地方経済は疲弊し、国・地方自治体の財政事情は多くの負債を抱え、好転の兆しは見られません。

グローバル化が進むなかで新たな日本の将来を見出し、活力ある社会を目指すには、社会全体の構造改革が求められます。行財政改革、公務員改革を始め、国と地方とのこれまでの関係を改め、それぞれの責任、役割を明確にして簡素で能率的な行政のあり方が問われています。

これからの地方自治体は地方政府として、個性ある「独自性」が求められます。従来の画一化主義の考えを改め、個性のある活性化した地域社会を創る必要があります。このことは消防の社会においても同じです。

これからの時代は公務員社会においても、互いに「競い合う」体制づくりが必要です。経済社会は互いに競い合いながら発展してきました。ところが、公務員社会は、年功序列・前例踏襲主義・終身雇用制度のもとに身分が保障され、互いに競い合うことなく、大過なく、しかも責任を負うこともなく仕事をしてきました。税金の無駄遣い、行政の非能率性、住民不在の行政は、国民やマスコミから多くの批判を受け、行政不信を高めました。行財政改革、公務員制度改革、行政の広域化等は、まさにこのような背景から生じてきた問題です。

元外務省のキャリアであった山中俊之氏は、著書「公務員人事の研究」の中で「使命感に溢れた消防士、警察官、教師、福祉施設で働く公務員がいるが、日本の公務員の90％以上は危機感がない。この危機感の無さがすべての問題を深刻化させている、このためマネジメントの考えを導入する必要がある」と述べています。山中俊之氏は、中途で霞が関を去り、公務員の人事コンサルタントになった方です。地方自治体を回り、人事担当者に会って、「仕事のよくできる職員は、どのような職員か」と、尋ねると「民間企業で仕事をした経験のある中途採用者はセクト主義や前例踏襲の考えがない、弾力的にものごとを考えて対処してくれる」と答えるそうです。このような話しを聞くと経営的な考え方やマネジメントの考えがいかに重要か、ということが分かります。

消防の現状と課題

社会全体の構造改革の流れのなかで、消防もまた大きな変革の時代を迎えています。かっての時代は、消防の常備化が旗印でしたが、近年、広域化が進み道州制が論議される時代になりました。消防学校での事例研究を通じて云えるのは、行政の広域化に伴い、消防の二極化、三極化が進んでいるということです。組織、専門性、勤務制度、幹部の資質・能力に較差が生じていることを感じます。二極化とは政令指定都市や中小都市を意味し、三極化とは大都市・中規模都市・小規模農漁村地域を意味します。

組織の規模が大きい都市では職員数が多いので、教育を通じて資格を取らせ、職務の専従化を通じてのプロ消防（専門家集団）が可能です。専門性を持った機動部隊を編成することも可能です。しかし小規模消防機関は、何にでも対応できる広く浅い知識で対応せざるを得ない現状にあります。このため組織体制、勤務制度、人事管理等、多くの問題を抱えています。これらの問題をどのようにして解決するか、上に立つ管理者の責務は重大です。ここにも経営的な考えやマネジメント力、強いリーダーシップが求められます。

職員の能力・資質は大きな問題です。消防は教育というと新任消防士に目を向けやすいのですが、上級・中級幹部の能力はいかにあるべきか、といった問題はほとんど議論の対象にはしていません。消防大学校、消防学校で行う教育は警察や自衛隊で行われているような機能分担が図られてはいません。このため幹部としての意識付けが十分ではないのです。

経験からもいえることですが、消防は災害活動や予防行政等、実務に関する指導者や教本は整備されていますが、組織・人事管理・リーダーシップ・危機管理等、行政管理等になると、お叱りを受けるかも知れませんが、専門性を持った指導者が育っていません。多くは外来講師に依存しているのが現状です。

消防行政には多くの特質があるだけに、特質を踏まえた組織、人事、教育、安全管理、危機管理等、現場主義に立った考えが必要です。消防政策について消防のあるべき姿を語る幹部は極めて少ないのです。年功序列・前例踏襲主義で、大過なく仕事をすれば管理者としての責務を果せた時代は過ぎ去ろうとしています。これからは経営的な発想とマネジメント力を持ち、強いリーダーシップを発揮できる幹部が必要です。そうでなければ困難な諸問題を処理し、消防の主体性を発揮することはますます困難になると思います。

戦後、消防は警察機関から独立し、消防組織法が制定されました。この法律には「市町村の消防は、消防庁長官又は都道府県知事の運営管理又は行政管理に服することはない」（第36条）と定め、市町村消防の独立性を保持し、他の法律には見られない「行政管理」という用語が使われています。「行政管理」という用語を使用している消防組織法を除いては他の法律には見当たらず、極めて画期的なことであったのです。行政管理について具体的な説明は見当たりませんが、戦後、日本の国家公務員法、地方公務員法には占領軍の思想、即ち経営的な考え（「地方自治体のための公務能率の追及」p・17、自治省行政局編参照）が投影されていただけに、消防組織法でいう「行政管理」には、経営的な考えが含まれているものと思われます（米国・ルサー・ギューリックに代表される行政管理、P・F・ドラッカーには公的機関は企業に劣らず経営管理が必要、といった考えがある）。

しかし戦後、間もなく国の中央集権化政策のもとに高度経済成長を目指すようになると、自治体は三割自治ともいわれ、経営的な考えや独自性を発揮することなく大方は国に追従し依存する形態へと変っていったのです。長年、国にもたれあい、依存してきた自治体も、ようやく行財政改革によって独自の道を歩もうとしています。

今、行政に携わる幹部・職員に求められるのは、公務員としての「倫理感・強い使命感」と併せて「経営的な考え方、マネジメント力」です。最近、私が「消防行政管理……職場のリスクマネジメント」を著したのも経営的な発想がますます重要になると考えたからです。消防の社会は能力管理という面でも較差が生じています。例えば、消防機関の昇任試験制度の実態は、昇任試験を実施しているところ、実施していないところがあり、さまざまです。実施していてもせいぜい司令補までで、司令長、司令試験になると実施しているところは極めて少ないのが現状です。選考で決める消防機関もあると聞きます。昇任試験を実施していても経営管理やマネジメントに関する問題を昇任試験に取り入れているところは少ないようです。実務だけに力点を置くことなく、積極的に経営理論を昇任試験に取り入れる必要があります。昇任試験に取り入れることで自己啓発を通じ、勉強して管理・監督能力を少しでも高めることができるからです。互いに競争しあう体制がないと有能な幹部は育ちません。

幹部教育は消防士の教育訓練とは異なり、リーダーシップと自己啓発が重要です。上級幹部になるに従って幹部教育の時間数が少なくなります。このため進んで自己啓発を図る幹部と、努力しない幹部との格差が大きくなります。

広域化が進み組織の規模が大きくなれば、一層、組織管理、人事管理、リーダーシップ、教育訓練手法、災害危機管理、消防行政管理等について専門的知識を有する幹部が必要です。消防大学校と消防学校教育においても相互の役割分担を明確にして専門的な知識、技術を有する指導者の育成が必要です。重要なのは消防幹部の能力向上には、学校教育もさることながら自己啓発を通じてリーダーシップを高めることにあります。

第一章　幹部の要件（総論）

幹部の要件

幹部の意味について考えてみたことがありますか？

「幹部とは組織・活動の中心となる者、首脳」（広辞苑）を意味します。組織活動の中心的な立場にある人をいいます。企業では、経営に携わる役員、部長、店長、工場長、管理・監督的な立場にある人を、役所では組織のトップに立つ人、管理・監督的な立場にある人、消防では、小隊長、中隊長、大隊長、係長、課長、署長、部長、消防長等は、すべて幹部です。

ところで、消防幹部は何をなすべきか、部下から信頼され、組織にとって掛替えのない幹部とは、どのような人を指すのか、幹部の要件について書かれた本がないかと探してみましたが見当たりませんでした。テーマが大き過ぎて手をつける人がいないのかも知れません。そこで私の消防生活三〇年を顧みて思うことは、幹部には、次の三つの要件が必要だということです。

① 人格（誠実）が高潔であること
② 知識・技術・経験等が豊富であること
③ 強いリーダーシップが発揮できること

いずれもこれを見た読者の皆さんは、なあんだ、これくらいのことなら教わらなくとも知っていると言われそうですが、これを掘り下げて考えてみると、意外に奥行きが深く広いのです。

私は消防に三〇年勤務しましたが、二九年間は、管理・監督的な仕事をしました。一年後、消防士長に昇進しました。しかし、顧みて思うことは当時の私は有能な監督者ではなかったのです。どうみても「俺について来い！」といった毅然としたリーダーではなく、組織にぶら下がる幹部の一人に過ぎなかったのです。これではいけない、組織にとって頼りがいのある有能な幹部を目指すには、どう努力すればよいか、これが私にとっての最大の課題でした。既に掲げた三つの要件について最初から考えていたわけではありません。有能な幹部になるためのノウハウがあったわけでもありません。暗中模索で、有能な幹部の仕事の仕方を真似るだけで精一杯でした。この頃、自らの判断で二つの目標を立てて実践することにしました。一つは「人格をどう向上させるか」、もう一つは「経営学を学ぶ」

ことでした。法律を多少勉強しましたが、法律は国が立法化し、有権解釈を行う、しかも保守的で進取性に欠けるので興味は失せ、将来、仕事のうえで役立つであろう経営学を学ぶことにしたのです。私にとってこの選択は正解でした。後に仕事をするうえで大いに役立ちました。経営学を学ぶことによって、人間としてのあり方、マネジメントを通じていろいろな手法を学び、リーダーシップがいかに重要か、少しずつ理解することができるようになりました。勿論、これだけでは説明が不十分です。具体的な話しは、これから段階的に述べることにします。

人間学を学ぶ

不確実性の高い現代社会では、多くの人びとは不安を感じ、心の病になる人が増えています。親が子を殺し、子が親を殺す、見知らぬ人を襲い殺傷する。高位高官、企業経営者、教育者等、社会の指導的立場にある人の犯罪、不祥事が日常茶飯事化し、頭を下げる姿を見ると失望してしまいます。人間とは極めて複雑な存在で、まさかあの人が、と思う事件が少なくありません。心や精神の持ち方や人間とは何かについて学ぶ必要がありま す。戦後、欧米の合理主義・文化が導入され、知識、技術（技能）に力点を置いた偏重教育が行われてきました、敗戦によって戦前からのあらゆる道徳規範を否定してきたことも大きな要因であると私は思います。生産性を高めるための経済至上主義、合理主義、能率主義、拝金主義が横行し、人の心や精神を重視した教育が疎かにされたことが今日のような荒廃した社会を作り出しているのです。倫理・道徳教育を重視する必要があります。

聖路加国際病院の名誉院長・日野原重明さんは、医師としての立場から、「日本の医師は全人的な医療をしっかりと学ばないまま世に出てしまうので、外国に救援に行っても、レントゲンや超音波の機械がないと診断ができない等と大きな声で言います。しかし、医師は素手でも患者を診られるのが本当です」（日野原重明、「私が人生の旅で学んだこと」p・216、集英社文庫）と述べています。

先生の言う全人的な医療とは、最初は内科医となり、人の体を全体的に診察し、臨床を通じて多くの経験を経てから心臓、脳、外科、皮膚、泌尿器、産婦人科等の個別的臓器の専門医を志すべきだと言うのです。このことは医学の分野に止まらず、あらゆる職域においても同じことが言えます。どんなに優れた専門的知識・技術を誇ろうとも人間としての誠意、真心が伴わなければ、単なる知識・技術の切り売りになってしまいます。相手に満足感を与え、心の通じる仕事をするには、その人の心の持ち方、ものの見方、考え方によって大きく左右されます。消防は職務の性格上、多くの人びとと接するだけに、人間とは何かについてより深く関心を持って学ぶ必要があります。

現代社会は新しいものを追い求める余り、古き良きものを蔑《ないがしろ》にしてきました。本書の第七章で、渋沢栄一の訓言集を引用したのは、人間としての道を学ぶうえで大変、重要と考えたからです。人と接するとき、ともすると忙しさの余り、相手の知識・技術、仕事のみに注意が注がれ、相手の人柄、心情等、全人的に深く理解しようとはしない傾向があります。部下指導は、部下のある部分だけを見て、「使える」、「使えない」を判断しがちです。一人ひとりの部下の個性、人格、人柄、能力等、全体像をよく把握することが幹部としての務めです。

消防精神・使命感について

昔から「消防精神」、「消防の使命感」という言葉が使われてきました。しかし、言葉の持つ真意について理解している幹部は少ないようです。語る人も聞く側も「ア・ウン」の呼吸で、理解していなくても分かったような顔をして済ませてきたように思います。日本の社会は、とかく抽象的、観念的な言葉を使いますが、言葉だけが先走り、真の意味を理解していない場合が少なくないのです。

「精神」とは……

＊（物質・肉体に対して）心。魂。

＊知性的。理性的な。能動的。目的意識的な心の動き。根気。気力。

＊物事の根本的な意義。理念。

＊個人を超えた集団的な一般的傾向。時代精神・氏族精神。

「消防精神」とは……
「火災等の災害から人命・財産を守るために、危険を顧みることなく、勇気を持って、災害に立ち向かう強靭な気力（心）」を意味すると私は思います。

「使命感」とは……
＊　損得を考えず公のために尽くす心
＊　人命や財産を守るために、情熱を持って職務に邁進《まいしん》する心
＊　危険を顧みず、情熱を持って公のために全力を尽くす心
を意味するものと考えます。

「精神」、「気力」、「心」は、見えない、把握することができない存在であるだけに説明が困難です。
「消防精神とは何か」について思い巡らしていたとき、ふと思い出したのが学生の頃、鎌倉・円覚寺の管長をされていた朝比奈宗源先生の話しでした。

「禅の修業の厳しさ」と「消防士の人命救助」には相通じるものがある、という話しを聞き、当時は消防の社会で仕事をするとは思ってはいなかったのですが、心のどこかに記憶していたのです。

管長の話しは、生死を境にするような猛火猛煙のなかで危険をも顧みず、人命救助に立ち向かう消防士の行為は、禅の修業で生死と向き合う修業僧と相通ずるものがある、というのです。朝比奈宗源管長は、若い頃、深山幽谷の地に入り、洞窟のなかで座禅を組み、せせらぎの音、鳥の囀り、松林を吹きぬける風の音を聞きながら修行したそうです。月に一度、村人が米、塩、味噌を運んでくる以外は訪れる人もなく、一日一回、目玉が映るような薄い粥をすすり、修業を続けるうちに段々と身体が痩せ衰え、足元から死臭が漂いはじめるのだそうです。それでも俺は絶対に死なない、と自分にそう言い聞かせながら修行を続けたそうです。

老管長の話しを聞いて宗教でいう修行、消防でいう訓練には、精神や精神力を鍛えるうえで共通するものがあることに気がつきました。そこで武士道精神について調べてみました。

「武士道精神」は、平安末期から鎌倉時代にかけて武家社会に起こり、江戸時代を通じて明治維新に至るまで、日本人の道徳的規範の主柱を為してきました。

武士は武芸を修め、主君に仕える。武士に二言なし（信義を重んじ、一度言ったことは必ず守る）、武士の情け（弱い立場にある人を思いやる心）。武芸とは、武道に関する技術（剣術、馬術、弓術等）を意味します。江戸時代、幕府は武士に対し、官学として朱子学を学ばせました。ここでは、武士（人間）としての心の問題、武芸という技術の二つが重視されました。宮本武蔵の「五輪の書」には「朝鍛夕錬」の稽古が説かれています。「鍛錬」とは、修養、訓錬を積んで心身を鍛える、技能を磨くことを言いますが、宮本武蔵は、『千日の稽古を「鍛」とし、万日の稽古を「錬」とす。稽古は、「千里の道もひと足ずつ運ぶなり」でなければならない。鍛錬し、心を修練すれば精神においても人に勝つことができる』と述べています。鍛錬、修練することによって精神力を高め、人に勝てるのだというのです。武士道精神ばかりではありません。インドが生んだ偉大なガーンディは、「古来苦行は、肉体を軽視し、これを苦しめることによって精神力を益々、高揚せしめ……」（ガーンディ聖書、エルベール編、蒲穆訳、p．100、）と述べています。仏法の世界においても、肉体を苦しめる（修養、訓錬）ことによって精神力を高めることができると云うのです。

精神は物質や肉体に対する心や魂を指します。消防精神、警察精神、自衛隊精神、軍人精神、武士道精神には、命を賭して危険な場に赴き、ひるむことなく目的を達成しようとする強い気力、体力、技能が必要です。訓練は単なる実践に役立たせるだけが目的ではありません。強靭な消防精神を養ううえで重要なのです。消防士の教育は、このことをしっかりと教える必要があります。

強いリーダーシップを持て

消防が階級制度を取り入れた最大の理由は、組織目的を遂行するために個々の階級に基づく地位、責務を明確にし、団結心を醸成し、規律ある組織集団として行動することにあります。組織集団を統率するには幹部の強いリーダーシップが必要です。リーダーシップを発揮するには、リーダーとしての基本的要件について知る必要があります。リーダーとは「指導者、先駆者等」、リーダーシップは「指導者の地位、任務、指導力、指揮、統率等」を意味しますが、この程度の理解では不十分です。具体的に掘り下げて理解する必要があります。

幹部（管理・監督者）は、リーダーとして何をなすべきか、リーダーシップとは何か、について正しく理解し実践することが重要です。ところが退職する幹部の挨拶の中で「〇〇年の長きに亘り大過なく勤務させて頂き、本日ここに無事、退職の日を迎えることができました、これもひとえに皆様方のお蔭でありまして、心から深く感謝とお礼を申し上げます」といった「大過なく」という言葉がしばしば使われます。「大過なく」とは、大きな失敗も過ちもなく責任を果たすことができたということで誠に結構な話です。しかし大過なくとは危ない橋を渡ることなく、責任を問われることもなく、といった意味が含まれています、リーダーは、現状に甘んずることなく改革する、新たなことに挑戦するという意味があります。大過なくとは、保守的で前例踏襲の考えを維持することを意味します。

私は「大過なく」と「リーダー」との関係をどう理解すればよいか思い巡らしていたところ、Richard Hughes L.Hughes, Roert Ginnett, Gordon Curphy の三人の学者が著した「リーダーシップ」（「LEADERSHIP」出版社・McGraw-Hill international）に出会いました。

第一表は「リーダー」と「マネージャー」（日本語でいう管理者）との違いを示しています。大過なくと言う幹部は、「マネージャー」に属すると考えれば理解しやすいと思います。

（第一表）

リーダーとマネージャーの違い

リーダー	マネージャー
改革者	管理者
開発者	維持者
鼓舞する	コントロールする
長期展望型	短期展望型
何か、何故かを聞く	どのようにして、いつ行うかを聞く
創造する	仕事に責任を持つ
現状維持体制に挑戦する	現状維持を受け入れる
正しいことを行う	ものごとを正しく行う

行財政改革や公務員改革が浮上する以前の国家・地方公務員は、ものごとの改善に努めなかったわけではありませんが、前例踏襲主義、年功序列主義、終身雇用制度を基に仕事を処理してきた関係で、第一表でいう「リーダー」というよりは、むしろマネージャー

（管理者型タイプ）に属する幹部が多かったように思います。

これからの時代は、自立性、独自性、競争心が強く求められるだけに、経営的な考えの基にリーダーとしての資質を持つことが必要です。地方分権一括法が制定され、国・都道府県・市町村の縦系列から横並び（対等の立場、相互協力、責任の機能分担等）となりました。従来のように、何かにつけて国に依存するのではなく、自主的な政策や判断が強く求められます。現状の諸問題をどう解決したらよいか、リーダーとしての役割が一層重要となります。できればリーダーとマネージャーの両面を持つことが必要です。

金井壽宏さんは「リーダーシップ入門」という著書で、リーダーシップは単なる理論として学ぶのではなく実際に身に付けるには、次の四つが大事だと述べています。

○　自分がリーダーシップを直接に経験すること
○　すごいリーダーだと思える人と一緒に仕事をして、その人の言動を観察すること
○　それらの経験と観察からの教訓を言語化し、自分なりの持論を構築すること

○　学者の理論やすぐれた実践家の持論は鑑賞するように読むのではなく、自分の持論を創出し肉付けするために活用すること

（p・51、金井壽宏、「リーダーシップ入門」日経文庫）

リーダーシップは、誰でも生まれつき天性として持っているものではありません。簡単に訓練をすれば身に付くものでもありません。自ら考え、創意工夫し、失敗や経験を通じて自ら能力を高めるしか方法はないのです。

私は中級幹部になるまでは、正直言って、これがリーダーシップだと実感したことはありませんでした。知識・経験、意思決定等、十分な能力を持ち合わせてはいませんでした。声は小さい、堂々とした体格ではない。このため、どっしりと構えてテキパキと大きな声で指示し、采配を振ることのできる幹部が本当の意味のリーダーであり、リーダーシップを発揮できる人と思っていました。ところが本を読み経験を積むに従って、リーダーやリーダーシップの発揮の仕方には、いろいろなタイプがあることを知りました。消防士の頃、私に指導してくれた放水長（今でいう副士長）Nさんを今でもふと思い起こすことがあります。性格は地味で日常の仕事や災害現場での活動では率先垂範して行動し、部下

に対し親切に指導し、ものごとには創意工夫を凝し、改善・処理する人でした。このような人が本当のリーダーシップを発揮できる人だと思いました。

外国ではリーダーシップに関する研究が進んでいます。私は外国のリーダーシップに関する教本、軍隊や消防等の幹部用に書かれた本を大いに参考にしました。例えば……「リーダーシップ……アメリカ海軍士官候補生読本」（武田文男・野中裕次郎共訳、アメリカ海軍協会、日本生産性本部）。リビアン、リビット、ホワイトが提唱するリーダーシップの三つの型（独裁型、民主型、放任型）。「リーダーシップの技術」（ユーリス、ダイヤモンド社）、「最強の指導力「ウエストポイントはリーダーシップをどう教えているか」」（L・R・ドニソン、斉藤精一郎訳　三笠書房）等です。ここに挙げたのは一例に過ぎませんが、これらを参考にしながら実践してきました。

リーダーシップは、単に勤務年数が長ければ発揮できるものではありません。身近な上司、先輩、同僚等、模範とすべき人をモデルにしながら、その人の考えや行為、行動等を学ぶことです。本を読み、実践し、経験し、失敗を重ね、研究しながら能力の向上を図ることです。幹部のリーダーシップは、消防の特質（階級制度、指揮旺盛な団体精神、強いリーダーシップ、訓錬の習熟、人事管理、災害リスクを察知する能力、消防コスト等）について理解する必要があります（詳しくは筆者、「消防行政管理」（近代消防社・参照のこと）。

創造性を持て

「坂の上の雲」を書いた司馬遼太郎は、「国家の危機管理に携わった指導者は、創造性に富んでいた」と述べています。日本海海戦でバルチック艦隊を打ち破った東郷元帥の作戦参謀を努めた秋山真之はあまりにも有名です。砲撃戦が始まれば負傷者が多数出ることが予想されるので清潔な下着に替えさせる、艦上は流血で滑り易くなるので砂を撒き活動をしやすくする、ラッパの吹鳴で一斉に砲撃する、火災で燃えやすい机、什器等、はすべて海に投げ棄てさせた。明治維新から三十数年で大国と戦争するのですから、確かに、当時の指導者は国家の危機に際し、多くの知恵を絞り創造性に富んだ努力をしたものと思われます。

新しいものを創り出すことを「創造」といい、創造性とは「それまでなかったものを新たにつくり出す性質をいいます。評論家であり作家である加藤周一は、「古いものの受容の中にこそ創造の芽がある」と述べています。秋山真之は、多くの兵書を読み、中世の村上水軍の戦法を研究しました。

「歴史は未来の青写真であり、過去に起こったことが再び起きる可能性が高い。過去の出来事は、未来の鍵であり、私達は、それを知る必要がある」（ボストン大学教授、ロバート・M・ショック）と述べています。新しいものに挑戦するには、古きを尋ね新しきを知るではありませんが、過去の歴史を知ることが大事です。

一般に日本人は技術の応用性には優れているが、「独創性」、「創造性」には欠ける、と言われます。創造性を発揮することなく、事なかれ主義で組織・集団を統括してみても進歩発展がないばかりか、人の後追いとなりマンネリ化していきます。

問題意識が旺盛で建設的な意見を述べると、とかく敬遠する管理者がいますが、これでは職場の士気は上がりません。

経験から言えることですが、創造性に欠ける職場風土を何度か感じたことがあります。企画課に勤務したときのことです。当時は老朽化した狭隘な消防署、出張所が数多くありました。何とか一掃したいと考えていた矢先、アメリカへ四〇日近くの消防事情調査を命ぜられました。出かけてみると老朽化した庁舎もありましたが、機能的に優れた庁舎がありました、職場の機能だけではなく、生活機能として日本庭園を取り入れているところがありました。帰国して早々、施設課長のところに行き、このことを話しました。ところが、課長曰く、「アメリカに行って来ると、皆、同じことを言うね」、と言って一笑されました。そこで経理課と話しをして、庁舎機能を向上させるために大幅に予算を増やしてもらい、改善を図ったことがあります。日進月歩といいますが、上に立つ管理者は、常に新しい情報に関心を寄せ、よりよいものを目指し、創造性のある仕事をすることが重要と考えます。

防災教育センターを重要事業として整備したときのことです。プロジェクトチームを編成して具体的な計画案を作らせました。ところが出てきたのは、どこにでもある防災教育センターの計画案でした。消火器を縦に二つに割り、中の構造を説明したもの。一一九番通報をすると、情報はどのようにして、消防署や出張所に伝達され、消防隊が火災現場に到着するか、情報の伝達経路を電光掲示板で説明したもの。密集した大都会では消火訓練を行う場所がないので建物内で行うことになります。計画案には消火訓練施設は銭湯のように周囲をタイルで張り巡らし排水溝を設け、タイルの壁体に標的を置き、放水できる単純なものでした。このような教育訓練センターはどこにでもあるので、私は新たな施設を作るにはそれなりの創意工夫が必要と考えました。そこで思い付きではありましたが、床から天井までの壁体に映像装置を設置し、画面に沢山のセンサーを埋め込み、火災の映像を写しこれに注水する、的確に注水できれば消火できる、うまく注水ができなければ延焼拡大する方法を考えてみたのです。室内での消火訓練ですが、家庭内の火災事故による消火器による訓練、事業所で起こる火災事故等、映像を変えることが可能です。注水効果、消火に要する時間等、参加する人びとに興味と関心を持たせることが重要と考えたのです。関係者を説得し企業の技術力を導入して、ようやく完成させました。このときは上司の了解を得てトップダウン方式で部下に命じました。仮に「よきに計らえ」であったなら貴重な予算も無駄遣いになったかも知れません。消火器の中味の説明は、消火器メーカや販売業者の社員教育であれば必要と思われます。しかし住民に対し、一一九番通報をすれば、どのようにして情報が伝わるのか、消火器の中の構造や薬材について、住民に教えてみても、大した意味はないと私は思います。むしろ行動科学を重視した実践教育こそが重要です。消防は、多くの実務経験がありながら人間の行動科学に着目した防災教育が遅れています。幹部は創造性を持って新たな問題にチャレンジすることが必要です。

話しは変わります。宅配で有名なクロネコヤマトは多くの人が利用しています。この宅配システムを考え出したのは小倉昌男さんで、「小倉昌男の経営学」という本をお書きになっています。ご尊父が名古屋で運送会社を経営されていた関係で、父親の後を継がれたのですが、同業他社の競争が激しく、先先を考えて宅配事業に転換することにしたのです。ところが役員会では宅配事業に転換するには大きなリスクが伴うので反対だ、と総スカンを食ったそうです。このとき味方になってくれたのが、意外にも労働組合長だったそうです。役員会で全員反対されても、小倉さんは、それでもやろうと決意し、いろいろな困難を克服して今日の宅配事業を成功させたのだそうです。

「宅急便の業態化を押し進める各システムの構築は、ウオークスルー車においても自動仕分け装置でも、情報システムでも専門家の力は借りてきたものの、基本的にすべてヤマト運輸の社員が考え、作り上げ、手直ししてきた。業態というものは、人に教えてもらうのではなく、すべて自分に合ったものを手作りしていかなければならないものである」(p・228「小倉昌男経営学」日経BP社)と述べています。興味のある方は是非、「小倉昌男の経済学」をお読みいただくと参考になると思います。消防とは関係ない、と考えるのではなく、いかなる仕事、行政、企業等の仕事を問わず、価値ある仕事には必ず、創造性と強いリーダーシップが求められるのです。

創造性を高めるにはどうすればよいか。「それからどうした」、「何故そうなのか」、「何故そうでなければならないのか」を追求し考えることです。問題があれば、どうすればものごとがうまく行くか、改善の方法を模索することです。そこから新たな考えや発想が生まれてくるのです。

建設的意見を述べよ

日本人は会議の席で進んで自分の意見を述べるのが不得意のようです。真面目に誠実に仕事に取組むことは大いに誇りとすべきですが、建設的な意見、建設的な批判となると黙して語らず、といった幹部が少なくありません。身に火の粉（消防批判）が降り注ごうとも「ゴマメの歯軋り」であったり、「忍の一字」で耐え、自ら主張すべきことを主張しない傾向がみられます。意見を述べ批判することは悪いこと、素直で従順で主義主張をしないのが良き幹部と考えてはいけません。かつて現職であった頃、消防費用（ファイアー・コスト）について、消防は国民の税金の無駄遣いをしている、火災損害額と予算額を対比すると火災損害額を大きく上回り、無駄な経費を使っている、とK教授に、ある消防の機関誌に痛烈に批判されたことがありました。

K教授の意見は適切ではなく、放置すれば記事を読んだ人びとは学者の意見が正しいと信じることになります。私は早速、反論するための原稿を書き、若手のA課長に見てもらいました。するとA課長曰く「部長、相手は、○○大学のK教授ですよ～、教授の意見に反論するのは、よくないことですよ～、止めた方がいいと思います。」と言うのです。将来を期待する課長であっただけに、その弱腰に私は少なからず失望しました。私はこのようなアドバイスにも拘らず、反論したことがありました（詳しくは、「ファイヤー・コストの低減」全国消防協会機関誌「ほのお」平成元年二月号参照）。

相手が学者、医師、弁護士、政治家、上級官庁等になると、とかく相手をみて及び腰になる傾向があります。ものごとの是々非々、ものごとの本質に着目した意見が自由に述べられる職場風土が必要です。

話しは変わります。

最近、「災害危機管理のすすめ」を著しました。国民保護法が制定され、国・都道府県・市町村の責務が明確となり、都道府県・市町村では組織のなかに危機管理ポストを設置するところが増えました。ところが戦争やテロが起これば消防は自衛隊、警察等と協力し、災害活動を行う立場にありながら黙して語らずでした。多分に国の動向を見守る姿勢でいたのでしょう。危機が起これば真っ先に現場に出場する機関でありながら、一般行政部内に危機管理ポストが次々と設置されているのを見て、不安を感じました。災害経験のない一般行政部門の下部機構として消防機関がコントロールされ、果たして国民の安全が確保できるのか疑問に思ったからです。「災害危機管理のすすめ」を著すに至った動機は、消防の危機管理体制はこれでよいのか警鐘を鳴らしたかったのです。その後、消防機関に危機管理ポストを設置するところが増えるようになりましたが、大都市消防の中には危機管理ポストがないところもあり、満足すべき現状にあるとはいえません。組織体制を含めて議論すべき問題です。この本では国、地方自治体を通じて災害の危機管理の現状についで建設的な意見を述べたのですが、消防大学校の、ある若い助教授（政令指定都市からの派遣）は、「この本は国を批判していますが、いいんですか？」と尋ねられ、戸惑いを感じたことがありました。私は、「建設的な意見を述べたまでで、単なる批判ではない」と説明しました。建設的な意見を単なる批判と受け止めるようでは、ものごとの進歩発展はありえません。私は危機管理を論ずるうえで、国だけではなく府県や市町村消防等、組織制度のありかた、責任の所在等、包括的に問題点を指摘し、あるべき姿について自らの意見を述べたのです。

これからの消防の社会を担う幹部は、人の意見を単なる批判と受け止めず、論点を明確にして是々非々を論じて欲しいのです。消防は、もっと現場主義の観点に立って組織制度やものごとのあり方を論じる必要があります。建設的意見と思って述べていることが、たまたま国に矛先が向いているからといって、具体的に論点を指摘することなく、いけないことだと考えるようでは有能な幹部にはなり得ません。いつの時代においても現状を考察し、是々非々を論じ、建設的な立場に立って意見を述べることが幹部に課せられた責務です。

近き将来、消防の中枢を担う中堅幹部は、広い視野に立って将来を展望し、これからの消防・防災はいかにあるべきかについて自らの考えを持つべきです、人の意見に対し真摯に耳を傾ける必要があります。意見が述べられないのは自らの理念や考えがないからです。有能な幹部は、オピニオン・リーダーでなければいけません。相手が、国、自治体、学者、有識者のいかんを問わず自ら主体性のある意見を持つべきです。

知的好奇心のすすめ

幹部になったら、何でも見てやろう、聞いてやろう、といった知的好奇心が必要です。一見、消防とは関係がないことであっても野次馬根性が必要です。というのは知的好奇心と野次馬根性は大いに関係があるからです。辞書では野次馬とは「自分には無関係だが、興味本位で騒ぎ立てる人」を意味します。騒ぎ立てることは推奨すべきことではありませんが、ことさら騒ぎ立てないまでも一見、消防とは関係のないことであっても興味と関心を持つことで世の中のカラクリや仕組みを知ることができます。

私は小さいときから浅草が好きで、映画館や見世物小屋、街路に並ぶ露天商を見て歩くのが好きでした。片方の長靴を台の上に置き、「さあ～買った～買った。長靴だよ～五十円だ、さあ～買わないか。安いよ～安いよ～」張りのある元気な声で通りがかりの客を呼ぶ。客の一人が「買った～」と手を上げると、親父は「はい、有難う！」と言って片方だけの長靴を出す。「もう片方は？」と客が親父に催促すると、親父は「五〇円で一足が買えると思っているのか〜」と目を剥く。周りの客は一斉にゲラゲラ笑う。若い頃はお金が無かったので、露天商から安い背広を買って着て帰る途中、夕立に会い、家に帰って背広を脱いだら、ワイシャツは紺色のまだら模様に染まっていたことがありました。そうかと思えば、露天商からセロハンに包装されたワイシャツを買い、家に帰って広げてみると、襟と袖、胸元のボタンが見えるように包装されていたが、背中と胴回りの部分が無いワイシャツだった、「やられた〜、騙された〜」と悔やんだが、同時に人を騙す手口の巧妙さに感心しました。

最近、大手企業、老舗等が相次いで消費者を欺き不祥事を起こしています。騙されない知恵を持つことも大事なことです。知的好奇心を持つことによって良いことや悪い手口を知って発想の転換を図り、「直観力」、「閃き」、「創造性」を高めることができます。

消防は階級制度を取り入れ、上意下達が強い社会なので、言われた事、決められた事は忠実に守る社会です。なぜ、そうなのか、それは正しいことなのか、もっと能率的で合理的な方法はないのか、といった疑問を持たずに仕事をしがちです。

消防のことだけに関心を寄せていては視野が狭くなります。一見、消防と関係のないことでも好奇心を持ち、企業や社会の仕組みを知ることで消防の組織管理、人事管理、情報、安全管理等に反映させることができます。何でも見てやろう、聞いてやろう、と常に好奇心を持つことが大事だと思います。

風通しの良い職場を目指せ

消防は朝の勤務交代から翌日まで、待機的な仕事をしている関係で外部との交流が乏しく新しい情報が入りにくい傾向にあります。刺激がないとマンネリ化しやすく、職場の中でだけ通用するルールや常識を作りやすいのです。社会の常識が職場の常識であるように、常に外部との交流をはかり、風通しを良くすることが大事です。前例踏襲主義で仕事をしていると社会の常識から遊離してしまうので注意が肝心です。同一組織の中だけで仕事をしていると人間関係も同じ人との付き合いとなり、とかく緊張感や警戒心が希薄となります。

私は消防を退職して、セゾングループ企業に勤務したことがあります。この企業は、戦後、東京・池袋で小さな物販店から出発し、高度経済成長の波に乗って百貨店、スーパー、デベロッパー（不動産開発事業）、コンビニ、ホテル、ビルメン、金融、製造会社等を有する企業グループへと大きく発展しました。ところがバブル経済の崩壊（一九九一年）で莫大な不良債権を出し、倒産、合併、吸収、売却等で見る影もないほど衰退して行きました。

役員の多くは内部から起用し、外部からの有能な人材があまり確保されていなかったのです。多くの役員は同族企業の出身者で、グループ内の会社を回り、昔のよしみで「やぁ～しばらく」と挨拶を交わし、お茶を飲みながら雑談して一日の仕事が終わる人が多かったように思われます。ここには仕事に対する厳しさがない、前例踏襲主義で仕事をするので互いに切磋琢磨をしない、競争心がない、決裁もルーズになり、多くの不良債権を出しました。再建担当のある役員は、私にこう零《こぼ》しました。「デベロッパーの○○会社は北海道に膨大な土地を買ったが、熊や狐が出てくるような土地で、調べてみると国有地や調整区域で悪徳業者に掴まされたんだね～、しかも社長は現地を見ていないというのだ」。この話しを聞かされて、同一グループ組織内で緊張感がない状態で仕事をしていると、いつしかリスクが増大し大事に至るのだなと思いました。いずれの職場でも同じですが、組織を発展させるには、外部との交流・人間関係・コミュニケーションが必要です。閉鎖社会を作らないためにも外部との交流を図り、開かれた職場、風通しのよい職場を目指す必要があります。一般の行政職の公務員は、税務、教育、福祉、農林、選挙、土木、食品衛生、労働等、浅く広くいろいろな行政事務に携わります。消防の仕事は、火災予防、消火、救助、救急、防災等、消防という限られた枠のなかで仕事をするので、どうしても視野が狭くなりがちです。

グローバル化が進むなかで、最近は中小企業の方々も海外に出張し、見聞を広める機会が増えています。若い頃は将来に希望を託して職員になっても、勤務に慣れるに従ってマンネリ化しがちです。研修の場や見聞を広める機会を作り、自己啓発を図ることが必要です。私は署に勤務した当時、A署では図書クラブを作り、一人月一〇〇円会費で週刊誌、月刊誌、読みたい本を購入し回覧したことがあります。B署では使わない倉庫を改修し、図書室や文化サークル活動ができるようにして実務書や趣味の本を揃え、署員に休憩時間を利用して、くつろぎながら本を読む場を設けたことがありました。いろいろと創意工夫をすれば、啓発し合う場を創ることは可能です。

論理的な考え方を持て

日本人は昔から情緒的な心を持つ民族だと云われますが、ものごとを論理的に考えようとはしない傾向があります、理屈をゴテゴテ並べる人は、とかく敬遠されやすいのです。「古池や蛙飛び込む水の音」、「枯枝に烏のとまりけり秋の暮」は、いずれも松尾芭蕉の名句ですが、この句を西洋人に説明すると、怪訝《けげん》な顔をするそうです。句の意味を説明すると「それからどうした?」と問うのだそうです。静寂を破って古池に蛙が一匹、飛び込み、ポチャンと水の音がした。枯れた古枝に烏が止まっている秋の夕暮れを詠んだ句は、日本人であれば、何となく情景・情感を感じますが、西洋人の感性は違うのだそうです。

日本人と西洋人との感性の違いは、西洋は、論理的思考で成り立つ社会であるのに対し、東洋人（日本には）は、歴史的に見て、霊、叙情に鋭い感性があると言われています。日本古来の感性は大事にしなければいけませんが、思考力を身につけ、ものごとを論理的に考えることも大事なことです。

論理が重視されるようになったのは幕末の頃で、思考や議論を進め、筋道を明らかにするうえで必要になったからだと言われています。

論法とは、議論や論理の進め方、組み立て方を研究し、習得することを意味します。論理的な思考力を持つには、それなりに訓錬が必要です。ものごとを改革・改善するには何故必要か、改善すればどのようなメリット、デメリットがあるか明確にする必要がありま す。

論理的な力を高めるには新聞の社説・雑誌の論説等を読み、論理の展開を研究する必要があります。数学者で、「国家の品格」で著名な御茶ノ水大学教授　藤原政彦さんは、「論理的思考を養うには数学ではダメで、自らの主張を書いたり、話したりするのがいちばんです」。（p・200、「日本人の矜持」新潮社）と述べています、論理学を学ぶことも必要ですが、自らの考えや意見を「文章にまとめる」、「話しをする」、ことも論理的な考えを身に付けるうえで必要な方法だと私も思います。

閑職に就いたら充電せよ

幹部には転勤・異動はつきものです。人事異動で一喜一憂しない幹部は先ず、いないと思います。「おい！　今度はお前、○○部○○課長だって、いいポストに行ったじゃないか、よかったな～」、逆に「てっきりご栄転か、と思っていたが……○○に異動だって？まぁ～そこでしばらく辛抱するんだな、次は心配なくご栄転だよ～」と言って、慰められているのか、激励されているのか分からないような会話を交わすことがあります。ポストは組織が必要と考えて設置したもので、組織はポストについて良し悪しを決めているわけではありません。ポストには陽の当たるポスト、目だたない日陰のポストがあるのは事実です。ポストによって栄進するポストがあるのも事実です。

人事異動で「ああ！　これで俺も終わりか～」とぼやいたり、内心、やけくそを起こす輩もいるようです、人生を長い目でみれば一喜一憂することはないのです。私は署長の頃、消防大学校の副校長の辞令をもらい赴任しましたが、内示の段階で断った人がいると耳にしたことがあります。閑職で大した権限がない、給料が下がる、先々の昇進を考えると道草を食う、魅力のないポストと思うのでしょう。しかし私はどのようなポストにもそれなりの魅力があると考えます。

閑職で日陰のポストといわれても、それなりの良さがあるものです。自分自身に充電するには絶好の機会でもあるからです。前向きに考えれば、日陰のポストはラインの仕事と異なり、時間的余裕があり、責任の度合いも少なくストレスが少ないからです。私は消防大学校に勤務させていただいた関係でいろいろな人と出会い、学ぶことができたことを感謝しています。

人間の運、不運は実に不思議なものです、人生は「捨てる神あれば、拾う神あり」で、常に誠意をもって努力すれば、いつの日か必ず陽の目を見ることができるのです。

城山三郎さんの著書「男子の本懐」、「落日燃ゆ」には、浜田雄幸、井上準之助、廣田弘毅、吉田茂等、そうそうたる人物が登場しますが、彼等もまた常に順風満帆で日々を過ごし、栄光の道を歩んだわけではありません。人事異動で幾度となく挫折感を感じ、日陰のポストで忍耐を強いられています。井上準之助は日陰のポストで見聞を広め、読書三昧に耽り、時間を有効に使って力を培いました。閑職にあって落ち込むか、前向き思考で考えるかによって、その人の価値や人生が大きく変わります。打算的に目先のことだけを考えないで長い目でみることが何よりも大事です。

人生をいかに生きるか

現職の頃は、日々の仕事に追われ、家庭のことや人生について深く考えたことはありませんでした。退職後は、第二の職場に勤務し、後は年金で何とか生活ができるだろうと思っていました。一九八〇年代は、日本はアメリカに次ぐ経済大国で、21世紀は日本の世紀と言われていました。ところがバブル経済が崩壊し、日本の世紀どころか経済は一部に明るさを見出したとはいえ、多くの中小企業は活力を失い低迷しています、年金問題をはじめ事故、犯罪、不祥事が相次いで起こり、先行き不透明な時代になりました。高度経済成長への道を歩み始めた当時の池田勇人総理大臣は、所得倍増論を政策目標に掲げ、「貧乏人は麦飯を食え」と言い、国民は将来に夢と希望を託して努力し、高度経済社会に発展しました。ところが今は、将来へのビジョンもなく不確実で不透明な社会になりました。

不確実で不透明なこの時代をどう生きて行けばよいのか、思い悩む人びとが少なくないと思います。こういう時代は、抵抗してみても始まらない、ケセラセラで人生を楽しめばいいではないか、と思う人もいるでしょうが、このような時代であればこそ、時代の趨勢に振り回されることなく、自らの考えをしっかり持って生きていくことが大事です。

そこで一〇年を単位に目標を立てて努力することが重要と考えます。一〇年というとあまりにも長過ぎますが、私がいう一〇年とは、きめ細かな計画を意味するものではありません。大雑把でよいから目標を立てるという意味です。二十代〜三十代は社会人としての基礎固めの時代です、能力の向上、結婚、家庭生活を通じて個としての場を固めることを目標にすべきです。二十代をしっかりと生きることは、三十代をよく生きることを意味します。四十代をよく生きるには三十代をよく生きることです。二十〜三十代を無為に過ごし、四〇歳になって慌てて何かを始めようとしても昨日があって今日があり、今日があって明日があるように、段階的な下地なしには思うようにものごとは進みません。私事にわたる話で恐縮ですが、戦争があったために私は若い頃、道草を食いました。二四歳で大学に行き二八歳で卒業して消防に入りました、消防学校の教官をしていた三十代で商学部に学士編入し経営学を学びました。自分自身に投資をしたのです。二十代〜三十代は大いに自分に肥やしをやらなくてはいけないと考えたからです。貯金をしてお金を残すより自分に投資をすることがより重要と考えました。このことは結果においてよかったと今でもそう思っています。何も大学だけが勉強の場ではありません。資格をとること、海外を見聞すること、趣味を持ち退職後に活かすこと等、常に五年～一〇年を目安に努力目標を持って実践することが大事です。

人は誰でも退職の日を迎えます。退職が目前に迫ってから次に何をしたらよいかを考えるのでは遅過ぎます。現職の頃から常に一〇年を目標に努力すれば、必ず何らかの結果が得られるものと私は思います。

第二章　なぜ、行政に経営的な考えが必要か

行政とマネジメントとの関係

行政にマネジメントや経営的な発想が必要だと言われるようになったのは、つい最近のことです。なぜ必要かは、すでに行財政改革や公務員改革で説明したとおりです。活力のある士気旺盛な職場を目指すには、組織、管理、リーダーシップ、人間関係、職場士気、情報、人間の行動科学、人間の欲求、安全管理、費用対効果、コスト等に強い幹部・職員養成する必要があります。これまでの行政は、経営やマネジメントの考えがないままに仕事をしてきました。勿論、日本の風土に根ざした良い点がありますが、現場主義に立って、人、もの、金、情報、組織をいかにコントロールし、行政効率を高めるか、となると欧米の経営学、マネジメント論に学ぶところが大きいのです。日本の社会は、これまで経営的な考えが全くなかったわけではありませんが、学問としての研究がなされてこなかったのも事実です。

経営学については、例えば、組織管理については、アンリー・ファヨルの組織管理論。

時間管理や作業能率についてはテーラーの科学的管理法。職場の士気・人間関係の研究はレスリスバーガー・メイヨーの人間関係論。人間の欲求に関する研究はマズローの欲求段階説。安全管理についてはハインリッヒの法則等があります。これらは一例に過ぎませんが、いずれも単なる机上の研究ではなく現場主義に立って実務を研究し、理論化して体系化したもので、読みやすく平易に書かれています。

経営理論を学べば直ちに実務に役立つわけではありませんが、原理原則を学ぶことは応用力や判断力を養ううえで役に立ちます。私は企画、人事、教育、予防等の仕事を担当し、前例にない困難な仕事に取り組みましたが、なんとか責任を果たすことができたのも上司、部下の支援もさることながら、経営的な考えを身に付けていたからです。退職後は、ある大手企業の顧問として災害危機管理、リスク管理の仕事をしましたが、ここでも経営的な考えが役立ちました。

消防行政を行ううえでマネジメントやリスク管理が重視される時代を迎えています。消防教育をはじめ自己啓発を図るうえでマネジメント、リスク管理教育に力を入れる必要があると思います。学ぶことによって退職後、どのような仕事（農業、園芸、商売、企業での勤務、ＮＰＯ等）に就こうとも必ず役に立つからです。

マネジメント力をどう高めるか

マネジメントに関する本を読み、本を通じて考え方や手法を学び、実務に応用することは大事なことです。実践し経験することで上手くいったり、失敗しながら徐々に自信がつくようになります。

手始めに本を読むことです。「経営学説入門」（北野利信編、有斐閣新書）、P・F・ドラッカーの「抄訳マネジメント」（ダイヤモンド社）は、読みやすく概要を知るうえで役に立ちます。

フランス人、H・ファヨルが著した「産業ならびに一般の管理」（ダイヤモンド社）は、組織とは何か、組織をどう管理すればよいか、について具体的に説明しています。「時間管理、作業能率」については、F・W・テーラーの「科学的管理法」（上野陽一訳・編、産業大学出版部）は有名です。紙数の関係で一部しか紹介できませんが、興味のある方は、筆者の「消防行政管理……職場のリスクマネジメント」（近代消防社）を参照して下さい。

世界的に著名なドラッカーの経営理論は、読みやすく、分かりやすく書かれています。大きな本屋ではコーナーを設けています。ドラッカーは、行政にもマネジメントの考えが重要だ、とかなり以前から主張していました。今、日本の社会はようやくその第一歩を踏み出そうとしています。ドラッカーが書いた「抄訳マネジメント」は、マネジメントを概括的に理解するうえで良い本だと思います。経営管理ブームが残した、唯一にして永久の成果となった基礎概念について、ドラッカーは次のように述べています。

① 生産性向上のための科学的管理法
② 組織の基本原則としての分権組織
③ 人間を組織構造に適合させるための秩序立った方法としての人事管理(職務記述書、職務評価、賃金政策、ヒューマンリレーションズを含む)
④ 明日の経営管理者に必要なものを準備しておくための経営管理者開発
⑤ 管理会計、すなわち経営管理上の意思決定の基礎としての情報や分析の利用
⑥ マーケティング
⑦ 長期計画

以上、七つの概念は、いずれも経営管理ブームのはるか以前に、実際に使われ、成功を収めた（『抄訳マネジメント』、（P・F・ドラッカー、ダイヤモンド社）、と述べています。

行政はマネジメントとは関わりがないと考えるべきではありません。行政は企業とは異なり、物を製造し、物流・販売等のサービスを営利を目的とした業務ではないので、生産性向上といった概念をそのまま行政に当てはめることはできません。行政はもっぱら「社会公共の福祉の増進を図る」ことが行政に課せられた使命です。しかし、そうは言っても多くの人員を抱え、のんべんだらりと仕事をし、責任を回避し、費用対効果を考えることなく、非能率な仕事をすれば、住民の行政に対する不満は高まります。そこで表現は適切ではないかも知れませんが、企業でいう「生産性の向上の考え」を行政にいかに導入するかマネジメントの考え方が広まりつつあります。最近の新聞には「公務員の生産性」といった表現が用いられるようになりました。

火災、救助、救急、予防、調査、危険物等の諸活動もまた迅速化、能率化、合理化を図るための経営・コスト意識が求められます。このことは企業でいう「生産性の向上」の概念に類似する点が少なくないと思います。予防事務を行ううえで、例えば、許認可事務が停滞すれば企業の経済活動にも大きく影響してきます。救急活動に伴う医療機関の受入拒否や患者のたらい回しは、人命の安全を確保するうえで由々しき問題です、どうすれば解決できるか、消防だけで解決できる問題ではありませんが、命の安全に係るだけに関係機関への問題提起、現場の声を社会にアピールする等、問題解決に努める必要があります。ただ黙々と仕事をするだけでは、情報が世間に伝わらないばかりか、問題の解決には繋がらないからです。幹部は経営的な発想で対処することが重要と考えます。

精神的・観念的な考えから実用主義へ

実用主義（プラグマティズム）は、「経験論の立場に立ち、知識が真理であるか否かは、生活の実践に役に立つかどうかで決まる」という思想があります。この考えは米国社会で発展し、哲学を構築した経緯があります。この点、日本の社会は形式的、観念的な考え方が根強いように思われます。個々の国には、それぞれ異なる社会的風土があり、良し悪しの問題ではないのです。しかし精神的、抽象的な考えだけでは、ものごとの改善に結びついたか否か把握することは難しいと思います。訓練を行うにしても「しっかり頑張れ!」では何をどのように頑張ればよいのか分かりません。安全管理にしても同じで、「注意してやれよ! 事故を起さぬようにな!」では、どのように注意して事故を起こさないようにすればよいのか分かりません。実務に直結する実用主義の考えが重要です。

半藤利一は、自著「昭和史」で次のように述べています。

「最大の危機において「日本人は、抽象的な観念論を非常に好み、具体的で理性的な方法論をまったく検討しょうとしないということです。自分にとって望ましい目標をまず設定し、実に上手な作文で壮大な空中楼閣を描くのが得意なんですね。物事は自分の希望するように動くと考えるのです。ソ連が満州に攻めてくることが目にみえていたにもかかわらず、攻め込まれたくない、今こられると困る、と思うことが、だんだん「いや、攻めてこない、」、「大丈夫、ソ連は最後まで中立を守ってくれる」というふうな思い込みになるんです。」(「昭和史」p・499)

例えば「国民保護法」について考えてみると一層、明白です。危機管理の一環として制定されたこの法律は、国民の多くは理解していないのが現状です。国は都道府県・市町村に対し、「国民保護計画」を策定するように指示し、国は国民保護計画のモデルを示して自治体はこれを参考に策定しました。策定された国民保護計画はいずれも類似していますす。このような保護計画がいざという時に、どれだけ役に立つのか疑問です。戦争やテロに対し、すべてが行政の手で国民を保護しようとする考えは実現不可能なことです。危機に対処するには国民一人ひとりの力に負うところが大きいだけに、国民や地域社会が自らどのようにして自らの安全を確保したらよいか真剣に考え検討されるべき問題です。スイス民間防衛組織では戦争、テロ、災害等に対し国民が自ら何をなすべきか、マニュアルを通じて明確に示しています。

昭和五三年に制定された大規模地震対策特別措置法は、解説書の冒頭にわが国の地震予知技術が世界のトップレベルにあり、関東大震災クラスの大規模な地震については相当の確度で予知できる水準に達している（「詳細　大規模地震対策特別措置法（国土庁長官官房震災対策課、ぎょうせい）」、と述べています。しかし、地震予知を可能とする法律ができましたが、その後、阪神・淡路大震災をはじめ新潟県中越地震、能登半島地震等では予知ができなかったのです。

地震予知は現状では無理だと言われて久しいですが、現在も予知を前提にした訓錬が行われています。耐震性の強化等、減災に向けて目を向け始めたのは最近のことです。地震予知訓錬よりは直下の地震に対応した対策や訓練が重要です。しかし、実態は抽象的で形式的な考えが罷り通っています。

日常の生活や仕事に役立つ実用主義の考えは、残念ながら現状では十分ではないのです。現場に関することは現場に携わる消防幹部・職員が実用主義の観点に立って運用管理にあたることが重要です。

階級制度と人事管理

お気に入りの部下を集め、中・長期的な人事運用を考えずに、ご都合主義で人事管理を行えば必ず将来に禍根を残します。私情を挟むことなくクールに客観的人事管理を行うことは難しいと思いますが、将来を見据えた人事管理を行わないと後に続く管理者が苦労します。気に入った同年輩の部下を要職に就かせると、ある時期に一斉に退職することになり、その後の人事運用に支障をきたします。企画、財務（経理）、人事、教育等のポストを経験することなくトップに立てば本人にとって苦労するだけではなく、組織にとってもプラスにはなりません。ある日、突然、トップに躍り出て周囲を驚かすような人事は本人の問題ではなく、計画的な人事管理が欠如しているからです。有能な人材を数多く養成し切磋琢磨させる人事管理が必要です。派閥を作り同郷出身者を優遇しているのではないかと噂されるような人事管理は士気にも大きく影響するだけに注意が肝心です。

階級社会では部下は多少の不満があっても上司の言うことに反論できず、率直に上司の意見に従う方が得策と考える幹部が少なくありません。建前と本音を使い分ける職場風土では組織の発展は望めません。

消防は労働組合がないので人事管理は楽ではないか、とある署長に話しをしたところ、「冗談じゃない！　今の時代、管理職は受難の時代ですぞ！」と一喝されたことがありました。確かにそうかもしれません。しかし「上意下達」の強い階級社会、労働組合のない社会は疑問、反論があっても積極的に意見提言がしにくい職場風土があるのも事実です。

階級制度に依存した人事管理は、一見ものごとが上手く行っているかに見えても形だけが罷り通っている場合が少なくないのです。職場の士気を診断し、人事管理のあり方を研究し、きめ細かな人事管理のあり方について考え研究することが重要です。階級に胡坐をかき、人事権を盾に機械的に部下に仕事を押し付けていないか、組織目的、仕事のあり方、よき職場風土をどう醸成するか、心の悩み、人間関係等、さまざまな問題に率直に耳を傾け、気安く話しができる職場風土をつくることが重要です。

目標管理と仕事の成果

仕事は、目標管理のもとに進める必要があります。最近、ようやく公務に目標管理の重要性が云々されるようになりました。これからの時代は目標管理がますます重要になることが予想されます。私が目標管理が必要と考えるようになったのは、マネジメントについて学ぶようになってからのことです。署所の予防事務、総務等の事務の目標管理は可能ですが、災害活動や訓錬等の待機的業務では目標管理を定着させるのに苦労しました。そこで、日々の仕事を計画的に行うには目標管理がいかに重要かについて説明し、少しずつ慣れさせるように仕向けました。本庁・企画課では、部下が担当する個々の事業計画を目標管理表に表し、進行管理を行いました。個々の事業計画をフローチャートの表にして年度計画、中期計画をもとに進行管理を行い、優先度や計画に変更が生じれば、その都度、調整しました。朝のミーティングで目標管理にもとづく総括表で仕事の進捗状況を互いに確認し、情報交換を行うようにしました。この結果、仕事の進捗状況がガラス張となり、山積みになった仕事、緊急性のある仕事を放置することなく、協力し合って処理することができました。共通の目的意識を持ち、互いに協力し合う体制をつくるには目標管理が重要です。

目標管理と成果主義

目標管理は組織目的を達成するうえで必要です。仕事の成果そのものを目的とするものではありません。目標管理は、組織目的に向かって計画的、能率的に推進することにあります。人事管理に評価主義、成果主義が重視されるに伴い、目標管理による仕事のプロセス、成果に対し、勤務評定に取り入れる考え方が出てきました。目標管理は人事管理の一環として行われるものと考える人がいますが、そうではありません。目標管理は既に述べたように組織目的を達成するための手法であって、個々職員が担当する仕事の進捗状況や仕事の成果を勤務評定に反映させるということです。

第三章　リスクマネジメント・危機管理

事故、不祥事は、なぜ起こるのか

幹部は、ただ漫然と大過なく仕事をするのではなく、どこにどのようなリスクが存在するか、リスクの所在を目敏く把握する能力が必要です。この能力をリスク感性といいます。リスク感性を磨き、リスクに目敏く反応〔把握〕し、予防・回避する幹部でなければいけません。リスクとは、「不確実ではあるが、将来、災害、事故、不祥事が起こる可能性」を意味します。事故、不祥事が起こってから慌てるのではなく、事前にリスク管理手法を通じてリスクを予防・回避することが重要です。

転勤早々、事故や不祥事が相次ぐと、「俺は運が悪い、ついていない」とぼやく幹部がいますが、運、不運の問題ではないのです。なぜ、事故、不祥事が起こったのか、その背景を知ることが大事です。リスクがありながら、なぜリスクを発見できなかったのか、原因を究明し、再発防止に努めるリスク管理が必要なのです。

事故、不祥事が起こると公務員、企業を問わず、慌てて情報が外部に漏れないように蓋をする傾向がみられます。これでは事故、不祥事は繰り返され抜本的な解決にはなりません。リスク管理の考えを積極的に導入し、職場や社会に浸透させる必要があります。事故、トラブル、不祥事、犯罪等、幅広いリスクを対象に、リスク管理の考え方、対処の仕方についてノウハウを学ぶ必要があります。リスク管理の手法を用いて、すべての事故、トラブル、不祥事を完全に予防、回避することはできませんが、かなりの損害を少なくすることは可能です。リスクは職場、家庭、交通、金融、災害、教育、食品、公害、人間関係等、あらゆるところに存在します。

事故、不祥事の主な発生要因は……

①　職場内部のルールが罷り通り、社会的規範と合致しない
②　職場に緊張感が欠け、危機意識がない
③　前例踏襲主義でものごとを処理する
④　部下任せにする
⑤　リスクにあえて挑戦しない、リスクがあっても知らない顔をする
⑥　事なかれ主義に終始する

⑦ コスト意識がなく、税金を無駄に使い、責任を持たない
⑧ 費用対効果の意識がない
⑨ 不正な行為、疑惑を放置し、内部告発が行われる
等が考えられます。

リスク感性を高め、リスクに挑戦せよ

日本人は、欧米人と比較してリスクに弱いと言われています。名前は失念しましたが、あるサッカーのジャーナリストは「多くの日本人の選手がシュートをしたがらないのは、リスクを冒したくないからだ、上手くなればなるほどリスクを避けてしまう。組織のために戦うにせよ、最後は自分で判断することにある。日本にいると、どうしても、ぶら下がりの考えを持ちやすい」というのです。この話しは、日本人の性格を端的に表していまず。この背景には、日本は恥の文化といわれるように、失敗したら恥ずかしい、みっともない、とする考えが根強い。「赤信号、皆で渡れば」ではありませんが、どうしてもここ

一番で一人で行動することに躊躇しやすいのです。リスクには、プラスとマイナスがあります。例えば、株を買えば儲かる場合と損をする場合があります。シュートすれば成功する場合と失敗する場合があります。日本人は積極的にリスクに挑戦することに慣れてはいないので、どうしても防衛本能が先に働くのではないかと思います。これまでの日本の社会は比較的安全な社会でしたが、最近は、国民生活を不安に陥れるような災害、事件が相次いで起こるようになりました。こうなると従来のような防衛的な考えで対処するのではなく、リスク管理に強くなる必要があります。リスクを予防・回避し、ときにはリスクに挑戦する等、ものごとを処理するうえで勇気と決断が必要です。既に述べたように、リーダーシップには、リスクが当然、含まれることを知る必要があります。

リスクは、組織管理、人事管理、災害活動、訓練、予防事務、日常業務、組織内部や外部の人との人間関係等、あらゆるところに存在します。このようなリスクを事前に素早く察知し、予防・回避に努めることが重要です。過去に生じた災害、事故、不祥事を詳細に分析し、リスクの存在を把握し事前対策に反映させることが重要です。自らの失敗した経験、他の職域等で起こった事故、不祥事等、リスク情報を体系的に分類、整理し、知識として身に付ける必要があります。リスク感性を磨くことによって、突発的な危機に際し、迅速な判断、意思決定が可能となるからです。リスクマネジメントを学ぶことによって、知らず知らずのうちにリスクに対する感性が磨かれ、適切な予防処置が可能となります。

リスクマネジメントと消防との関係

日本の社会はリスクマネジメント、危機管理に弱い社会で、欧米と比べると数十年は遅れていると言われています。リスクマネジメント、危機管理の対象は金融、企業経営、行政、災害、犯罪、医療、建築、教育、環境、交通等、広範囲に及びます。

消防に関係する災害には、火災、地震、水害、噴火、津波等の自然災害やテロ、放火、原子力災害をはじめ、危険物災害、巨大火災の予防対策、地域防災、労働安全、安全管理、組織管理、人事管理等に及びます。このため、リスクマネジメント（リスク管理）、危機管理について学ぶ必要があります。

亀井利明・関西大学名誉教授は、「リスクとは、①事故、②事故発生の不確実性、③事故発生の可能性、④ハザードの結合、⑤予想と結果の差異、⑥不測事態、⑦偶発事故、⑧

危機、⑨危険状態、⑩脅威、⑪困苦などの意味に使用されるということである。リスクマネジメント論の立場からすれば、リスクは、「事故発生の可能性」と解するのが一般的である。」（亀井利一、リスクマネジメント総論、p・15、同文舘出版）と述べています。

私が「リスク」や「リスクマネジメント」について関心を持つようになったのは、企画課に勤務した当時、課内で「消防と火災保険の関係」について、調査・研究をしていた関係で啓発されたのです。

最初に読んだ本は「リスクマネジメント」（C・A・ウイリアムズ／R・M・ハインズ、武井 勲訳、海文堂）でした。正直言って難解でした。国内の学者が書いたリスクマネジメント論を読みましたが、多くは保険向きに書かれた本で興味が持てませんでした。

そこで損害保険に捉われない本来のリスクマネジメントを学ぶにはどうすればよいか、文献を探していたところ、リスクマネジメントの権威者である亀井利明先生が書かれた「リスクマネジメント総論」、「危機管理とリスクマネジメント」（亀井利明、同文舘出版）に、出会いました。保険に捉われない正統派のリスクマネジメント理論が平易に書かれており、大変、参考になりました。

戦後、日本にいち早く、日本リスクマネジメント学会を設立された権威ある学者で、現在は、関西大学名誉教授、日本リスクマネジメント学会、日本リスク・プロフェショナル学会の理事長をされています。最近、亀井利明先生は、「ソーシャル・リスクマネジメント論」（日本リスクマネジメント学会発行）を執筆され、ソーシャル・リスクマネジメントの重要性を提唱されておられます。消防・防災の分野にも関係があるだけに、大いに関心を持って学ぶ必要があります。

私は日本リスク・プロフェショナル学会の会員ですが、この学会は、理論と実務を重視します。単なる学問的研究ではなく、実用主義の観点に立ってリスクを考え、危機管理、リスクマネジメントのあり方を研究する学会であるからです。

会員は、企業関係者、保険関係者、学者、警察、自衛隊、主婦の方々からなり、金融、経営、災害、教育、心の危機、家庭の危機管理等、あらゆる分野の危機管理・リスク管理について研究し発表しています。これからは、危機管理が一層、重要となるだけに、日本リスク・プロフェショナル学会に入会して勉強することは、一人で学ぶより、はるかに力を養うことができます。私は、この学会で亀井利明名誉教授の理論を学び、「災害危機管理のすすめ」を著しました。消防職員で研究し発表したい方は、是非、当学会に入会されることをお奨めします。

関西（大阪）に本部がありますが、関西や首都圏等で学会や研究会を開催しています。

（連絡先）
日本リスク・プロフェショナル学会事務局
〒533・0032　大阪市東淀川区淡路三ノ十四ノ十五ノ七〇三
電話&ファクス　06―6835―3038　06―6328―2083
年会費　5、000円（平成20年3月現在）

著作権・版権とリスク

最近、映像、音楽、出版物等の著作権の保護が、従来にも増して厳しくなりました。高度の技術革新で映画、音楽、書物等、簡単にコピーし、人の著作権を侵害するケースが増え社会問題化しています。著作権とは「知的財産権の一つであって、著作者がその著作物を排他的・独占的に利用できる権利。その種類は、著作物の複製、上演、演奏、放送、口述、展示、翻訳などを含み、著作者の死後一定期間、存続すること」を意味します。図書館で図書の一部をコピーする際には、図書名、ページ、コピーする枚数等、あらかじめ申込用紙に記載し、係の人の了解を得ることが必要です。面倒なことですが、それだけ著作権を犯す人が多いものと思われます。

最近、ある図書館で専用のパソコンを通じて判例を検索しコピーしたいと係員に話しをしたところ、手続きは図書の一部をコピーする場合と同じでした。他人の著書、文献の出所を明確にせず、あたかも自分が書いた文章であるかのように無断で使用することは、厳に慎まなくてはいけません。

幹部になると職務上、文章を書く機会が増えます。他人の文献や資料を引用する際には、必ず、文献の出所を明確にする必要があります。幹部研修ではＩＣレコーダーやビデオ機器で講義の内容を簡単に収録できる時代になりました。他人が作成した資料を引用する際には、著作権の侵害にならないように著者の了解、出所を明確にする必要があります。

男女関係とリスク

「酒、女、賭け事に注意せよ」と昔からよく言われてきました。父の生前、「業者の接待、金品の授受に気をつけよ」と、しばしば注意を受けました。民間企業に勤務していた関係で接待に、酒、女、金品がつきまとうことを知っていたからです。

世の中に男と女がいる限り、男女関係でのトラブル・不祥事は絶えることがありません。「女性に対するリスク」、女性からみれば「男性に対するリスク」に注意しなくてはいけません。異性に対するリスク管理が重要です。「身近な女性に手をだすな」といいます。職場内での男女の交際で、いろいろなトラブルを起こす例が少なくありません。消防の社会においても男女のトラブルを見聞してきました。消防に限らず、いずれの職場でも男女の問題があると思われます。職場内で女性との浮気は自慢のできる話しではありません。上司として偉そうなことを口にしても蔭で部下は嘲笑するだけです。職場の士気にも影響します。職場以外であれば浮気をしてもいいという意味ではありませんが、身近な女性に手を出すことは禁物です。

浮気を推奨するわけではありませんが、女性と浮気をしたならば自らの責任で処理すべきです。昔は、陰の女性を持てば経済的な面倒を見るのが男の甲斐性と言われました。金銭で処理できることは金銭で処理し問題を後に残さないことです。最近は未成年の少女と関係を持ち、警察沙汰になるケースが少なくありません。女性に対するリスク管理は極めて重要です。

ワイフ以外に女性を知らない人は、真面目で誠実で潔癖な人柄を印象づけますが、風俗店に行った経験がないのに、「いかがわしい所へ行くな！」、「店の女性とトラブルを起こすな！」といっても、「いかがわしい」とは何か、「トラブルとは何か」、「どう付き合えばよいのか」、部下を指導するうえで説得力のある指導は難しいと思います。このため深入りはしないまでも、いかがわしい店には、どのようなリスクがあるか知ることも、大事なことだと私は思います。

部下が起こした異性とのトラブルを、どう処理すればよいか

署の課長をしていた頃、若い単身のA消防士が、中年の男Bと署の中庭で昼休みになる

と立ち話をしている……との噂を耳にしました。私はA消防士の上司であるC係長を呼び、「何か、あったのか」と聞くと、C係長曰く、「A消防士は、あるバーの年増の女性と関係が出来、このことを知った女性の夫（近く夫と離婚するとのことで手続き中）が、昼休みに消防署にやってきてA消防士を恐喝し、金を巻き上げているようです」。そこで私は「それを知りながら君は、監督者として何をしたのか?」と聞くと、「プライバシーの問題なので〜……」と言葉を濁すのです。私はプライバシーの問題ではあっても、そのまま放置して置くようでは問題だ、何とかしなくてはと思い、早速、本人を呼び、事情を聞くと、確かにC係長のいう通りでした。

友人のT弁護士に相談すると、「相手は自分のワイフと不倫をしたことを理由に恐喝している。職場の上司が相手と話し合いをしてみても相手は簡単には引き下がらないだろう。上司は部下をかばっているとしか思わないからだ。弁護士に任せる方がよいのではないか」、とアドバイスしてくれたので、A消防士と相談して任せることにしました。A消防士は以後、女性の夫Bとは直接、会わない、すべてT弁護士に一任してある、言い分があれば、すべてT弁護士に相談せよ、ということにしたのです。弁護士に一任することで問題は一気に解決しました。

部下の女性問題は、大きなトラブルに発展する前に回避することが何よりも重要です。部下が女性問題で困っているときはプライバシーの問題だからといって放置せずに、実情をよく聞き問題の解決に努める必要があります。

公私の区別とリスク

最近、「公私混同」等について、マスコミや国民の目がますます厳しくなっています。仕事をするうえで、公私混同と言われないようにするには、一線を設けて自らの判断基準が必要です。

私が消防に就職した当時（昭和三六年）は、大学卒の初任給が一万四千円程度で、国民生活はまだまだ貧しい時代でした。当時の署長は部屋数の多い公舎に入居し、米軍払い下げの外車（指揮車）がありました。住宅難の時代で家族が一つの部屋で同居していた時代でしたから部屋数の多い公舎は魅力的でした。当時は自家用車を持つことは、夢のまた夢で払い下げの外車であっても羨ましい存在でした。

休日には家族が公用車に乗り、デパートに買い物に出掛ける、公舎に用があれば職員が行って手伝うのは至極、当たり前のことでした。当時はマスコミも市民も贅沢だといって批判する人はいませんでした。時代はすっかり変わり、今では公用車、公舎、公金等の運用について大変、厳しい時代になりました。

現職の方は、かつての時代と異なり、今の管理職は苦労が多く何の魅力もないと不満に思う方も少なくないと思われます。ところが「歴史は繰り返す」ではありませんが歴史を顧みると今以上に厳しい時代がありました。

城山三郎の著書「男子の本懐」には、浜口雄幸・内閣総理大臣、井上準之助・大蔵大臣は、緊縮財政と行政整理を行うために、命を賭けた壮絶な財政改革、金融政策を実施し、多くの困難を克服したことが述べてあります。

「当時は、役所の自動車の使い方が激しく目に余るものがあり、局長クラスの中には、妻子の買い物に使ったり、箱根あたりへドライブに出かける例も珍しくない、課長の送迎に使ったり、料亭に乗りつけ、何時間も待たせている例もあるらしい等々、さかんに批判の声が出た」(「男子の本懐」p・55)。

大蔵大臣　井上準之助は、次のような厳しい行政改革を行っています。
当時一二省で一六〇台の車を所有していましたが、次のような運用に改めました。

●各省あたり五台以下
●私用は一切禁止する
●専属自動車を廃止、大臣、次官といえども専用車を持たない
●登退庁の送迎は一切廃止する

浜口首相は、官邸の諸経費も電灯代に至るまでオフィス関係と私生活の部分とを厳しく区分して計算し、後者は自費で払うことにしたそうです（「男子の本懐」、城山三郎、新潮文庫）。

公私のけじめは、いつの時代においても基本的な考え方に変わりがありませんが、経済、財政の景気、不景気によって大きく変動し、公務のあり方も大きく左右されます。更

に国民の政治や行政に対する目も権利意識の向上、官と民との格差等、発言権が増してきています。これまでの時代とは異なり、行政独自の考えで、すべてを牛耳ることが難しい時代になりました。それだけに、お手盛り行政と言われないためには、それなりの理論武装が必要です。公私の区分は、いつの時代においても上に立つ者の基本姿勢にあります。毅然とした公私の区分の考えがあれば、批判されることは少ないものと思われます。

第四章　部下指導

部下指導と啓発力

指導とは、「目的に向かって教え導くこと」を意味します。幹部になると階級を意識するためか部下より優れていなければならないと思う人がいますが、決して力むことはないのです。階級が上であれば人格、識見、知識・技能等、あらゆる点で優れているとは限らないからです。昇任しても、その日から有能な幹部としての力量が備わるわけではありません。

部下から信頼される有能な幹部になるには、一朝一夕で到達できるものではないのです。日々努力し、自己啓発を通じ自らの能力を高め創りあげて行くものです。幹部として自信がないとコンプレックスを持ちます、部下に弱みを見せまいとして高圧的な態度を取り、抽象的、精神的、形式的な言葉を使い叱咤激励を繰り返します。一方的に指示し、部下の話を聞こうとはせず、高飛車な態度をとり部下から質問されることを嫌います、自信がないので質問されると巧く答えることができないので、最初から自分をガードし、一方通行で指導しようとするからです。

自信を持って指導力を発揮するには、一にも二にも自己啓発を通じて能力を高めることです。身近に模範とすべき人がいれば見習うことも一つの方法です。リーダーシップや指導力について本を読み、人の話しを聴き、よいと思えば、実践することです。手ごたえを感じたならば自らのものとし、いろいろな手法を通じて経験を積み上げることです。部下にやる気を起こさせる、あの上司についていこうと感じさせるには、指導する人の人間的魅力、道徳感、人柄、知識、技能、人生感等、総合力が求められます。

部下指導は、部下一人ひとりの性格が異なるので苦労することが少なくありません。経験からも言えることですが、部下の将来を考えてアドバイスをしても、プライドの高い部下は自尊心を傷つけられたと思い、反抗的になることがあります。指導するときは相手の性格、指導の仕方、相手を見て法を説くことが大事です。

人間は、誰でも自分が可愛いものです。「君は優秀だね、素晴らしい仕事をするね」と褒めてもらうと嬉しいものですが、ときには怖い存在がないと自ら甘やかせてしまいます。部下に厳しい上司は耳の痛いことをズケズケ言います。言われたことに腹を立てカッとしても理に適った指導であれば素直に受け入れるべきです。やたらと反抗するだけでは自らの発展はあり得ません。

部下に注意を与えるべき時に注意を与えず、見て見ぬ振りをする管理・監督者は良き指導者とは言えません。管理・監督者によっては、その場その場の状況を見ながら上司に迎合し、部下から突き上げられれば、部下に迎合する幹部がいますが、このような幹部は組織を堕落させてしまいます。言うべきときは、はっきり言う基本姿勢を持つ必要がありまず。指導したことで相手の感情を害したとしても、時が過ぎれば理解をしてくれるであろうと思い実践したことがありましたが、理解してもらえない部下もいました。これは致し方のないこと、これも人間社会だと割り切ったことがありました。一口に部下指導とはいっても、すべてについて相手を納得させることは難しいと思います、これが絶対だと言えるような指導の方法はないと私は思います。

教える技術、学ぶ心

部下を育てるということは、口で言うほど生易しいことではありません。上意下達の階級社会では、階級が上になると部下や人の前で話しをする機会が増えます。話しが上手な人、下手な人等、さまざまです。そこで重要なことは、スピーチの仕方、黒板の使い方、教育訓練手法、教育機材の使用法、教育効果を高めるための教育手法、指導技術について学ぶ必要があります。初任教育訓練では、問答無用で一方的にがむしゃらに一つの形に当て嵌《は》めようとする傾向があります。ポンプ操法を例に挙げれば、「しっかりやれ!」、「声が小さい!」、「なにをボヤボヤしているか!」と言って叱咤激励します、いかにも教育効果が上がっているかに見えても、精神論や形式論が強調され、規律、動作に重点をおくだけで成果は得られていません。手順や行為、諸動作について、なぜそうでなければならないのか科学的に説明し、学生からの質問を受ける基本的姿勢が必要です。

講義を行うときには、話す時間の数倍の教材を用意する必要があります。聞き手は、どのような立場の人か、教育目標点をどこに置くか、しっかりと把握したうえで話しの内容を決めるようにします。聞き手に興味と関心を持たせるには、どのような手法を用いればよいか研究する必要があります。論理的な話し方、話しの構成、黒板、パワーポイントの使用、事例研究、ＫＪ法等、与えられた時間の範囲でどのような組み合わせで行えばよいか考えるようにします。講義が終われば、聴き手は真剣に聞いてくれたか、居眠りをしていた人はいなかったか、思い浮かべ自己採点をします。良い点、良くなかった点を整理し、改善すべきことは次回の講義に反映させるようにします。

教える際には「教えること」だけに終始しないで、「教わる心」が大事です。人間は全知全能ではないので、階級の上下を問わず、相手の如何を問わず、「教えることは学ぶこと」を知る必要があります。

俳諧で著名な高濱虚子は、「弟子に導かれる」と題して、「芭蕉は弟子を訓育するということに熱心だったのでしょうが、また弟子に導かれるということも考えていたでしょう。子規も言っていたが、弟子を教えながら教えられるのですね。人を導く一方に、人に導かれる……導かれるという考えがなければ発達しませんね」（『俳談』、高濱虚子、岩波文庫、p・99）と述べています。このことは大変、重要なことだと思います。私は消防大学校や消防学校等で講義をすることがありますが、学生に教えると同時にまた、学生から教えられることがあります。先生と呼ばれることは好きではありません。先生と呼ばれると教える気持だけが先行し、学ぶ気持を失うからです。

独断と偏見……黒いタイヤは、なぜ白い

先日、ある消防学校の事例研究で「黒いタイヤでも白い！」という題名があるのに気づきました。一瞬、何のことだか理解できませんでした。

「これ……どういう意味？　この問題を提出した人は？　……」と思わず学生を見渡しながら問うてみました。すると一人の学生が手を上げて説明してくれました。

「私の職場には、黒いタイヤでも俺が白だ、と言えば白だ」と言う頑固な幹部（次長）がいます。このような上司には、どう対応すればよいのでしょうか」と言うのです。

このようなタイプの幹部は少ないと思いますが、部下の意見を聞こうとしない頑固一徹なタイプの幹部がいるのは事実のようです。

「オレの言うことは絶対だ、黙って俺の言うとおりに従えばよいのだ！」と自らの権威や権限を誇示するのは、裏を返せば気が小さく自信がないからです。部下に馬鹿にされ、軽く見られないために力を大きく見せようとするからです。昔の軍隊であれば、このようなタイプの幹部もいたでしょうが、今の時代では部下に対し説得力がなければ上司として尊敬されないばかりか、困った上司と部下から陰口を叩かれるのです。

次長というポストは組織の中のナンバーツーであるので、アドバイスができるのは、せいぜいトップくらいなものです。部下は意見を言えば「物言えば唇寒し……」で、誰も口出しをしようとはしません。一言居士で、頑固一徹、横柄な態度をとる幹部は、職場の士気は上がらず部下から信頼されず面従腹背となります。

幹部は昇任に伴い、地位・権限・責任が与えられます。部下を意のままに動かし、周囲からチヤホヤされるようになると、地位、権限に安住し、あたかも自分に能力があるかの如く錯覚しがちです。部下から信頼される幹部とは、部下の意見に耳を貸し、コミュニケーションを重視し謙虚に日々新たなる気持で自己啓発に努める人だと思います。

管理・監督と部下の専門性

初級幹部の事例研究に次のような問題が出されました。

「私は救急隊長をしています、隊員の中に救急救命士（国家資格）がいます。このような部下に対し、私はどう指導したらよいのでしょうか」という出題でした。最近、救急救命士、一級建築士等、専門的な資格を有する人が増える傾向にあります。このため学歴や専門的な資格を持つ部下に対し、どのように指導をしたらよいか思い悩む監督者が少なくないようです。「学歴・国家資格等」と「監督者の責務」とは分けて考える必要がありま す。資格はあくまでも専門的な知識が公に認められたということです。監督的な立場にあって果たすべき責務と資格とは直接、関係がないのです。

監督者は、部下を督励して業務を円滑に進める責務があります。日常の事務処理、訓錬、災害活動（出場から現場での措置、病院の選定、収容、帰署）まで隊員を統率し、救急活動を円滑に行う監督責任があります。労務・安全管理、技能、関係機関との連携、苦情処理等、監督者として果たすべき責務があります。
重要なことは、監督者としての責務をしっかりと認識することです。
例えば、次に掲げた項目は部下を統率し、監督するうえで大切なことです。

① 部下が、それぞれ意欲を持って、組織目的に向かって仕事をしているか
② 法令違反・倫理・道徳に反することなく、適正に仕事をしているか
③ 市民に接する接遇、礼儀作法に問題はないか
④ 職場の人間関係、職場士気、労働安全衛生に問題はないか
⑤ 管理・監督者として、仕事を進める方向を示し、あるべき姿を示しているか
⑥ 他の消防機関での成功事例、事故、不祥事に関する情報と対策、住民公聴、事務の能率化、自己啓発の進め方等、広い視野で情報をは握し指導しているか

等が上司として果たすべき主たる役割です。

部下指導は、部下に対し知識、技能を教えなければならないと言った考えが先に立ったためか、資格を持ち専門的知識のある部下を持つと何を指導すればよいか、戸惑う監督者が

います。相手の専門的な知識・技術と競うのではなく、監督者としての責務をしっかりと果たすことが主たる役割です。

部下が自分より知識、技能の点で優れていれば大いに喜ぶべきことで、戸惑うことは毛頭ないのです。専門的知識を必要とするときは任せる、支援・協力を求められれば積極的に協力の手を差し伸べる、仕事を通じて良い結果が出れば、部下の功績として認める。そうすることで本人の満足感は満たされ士気が高まるのです。部下がよい成績を収めれば、上に立つ人の監督能力・指導力が優れていると評価されるのです。

階級制度と人間関係

手作業が機械化されIT化が進み、パソコンと向き合う仕事が増えるようになりました。交番勤務の警察官は巡邏《じゅんら》警戒が少なくなりパソコン操作している姿を見掛けることがあります。消防の仕事も災害活動や訓練を除くとパソコン操作をしている姿が目に付くようになりました。かつて共同作業が多かった頃は、「この辺で休憩して、お茶でも飲もうやぁ〜」といった息抜きの場がありました。署長も署員もパソコンを前に仕事をするようになると、休憩しながら雑談する機会が少なくなり、一人ひとりが自動販売機でお茶やジュースを買って飲む等、会話する機会が少なくなりました。悩みごとがあっても相談する相手がいないので孤立し、ストレスが溜まって心の病に発展します。

かつては仕事が終わると気心の知れた者同士で赤提灯に行き、コップ酒で上役の悪口を言い、翌朝はサッパリとした顔で出勤したものでした。

ところが、最近は仕事が終わると、さっさと帰路を急ぐ職員が多いと聞きます。旅行に出かけることが少なくなり、部下は何を考え、どのような不満、悩みがあるのか情報が伝わりません。ある日、突然、事故、不祥事が起こり、周囲をアッと驚かせ慌てさせることになるのです。これが、現代社会の一般的風潮ではないかと思います。

夏目漱石は「草枕」の中で「智に働けば角が立ち……」と述べていますが、人間が共同生活を営む以上、人間関係の煩わしさから開放されることはないのです。ところが、智に走り、いろいろと激論を交わし、喜怒哀楽があって初めて、相手が何を考え思い悩んでいるか分かるのです。近年、個が重視されるあまり積極的に他と交流しようとはしない、面倒なことには手を出さないといった風潮がみられます。

職場や家庭等で人間関係の悩みから自殺者が増え、心の病に罹る人が増えています。人間関係のあり方が大きく左右しているものと思われます。つまり、人間関係が上手く行かないために孤立し、思い悩み、精神状態がアンバランスになり、事故・不祥事に繋がるのです。このため、より良き人間関係を維持するにはどうすればよいか深く考えてみる必要があります。

消防は組織集団の力に負うところが大きいだけに、互いに意思の疎通を図り、団結心や協調融和の精神を高める必要があります。階級制度は重要ですが、ともすると階級と階級との間に見えない壁を作りがちです。この見えない壁が階級相互の意思疎通を阻害し、階級ごとにグループ化するのです。見えない壁を払拭して風通しの良い職場風土を作るのが幹部に課せられた責務だと私は思います。

若き世代との人間関係……三世代の絆

若い世代と中・高年者との絆は重要です。最近、ある消防学校の事例研究で、「今の若い消防士は、いつも若い者同士で集まって何やら話しをしている。われわれ監督者に近づいてこようとはしない。どうすればよいか」と、いった問題が出ました。

「今の若い者は……」という言葉は、遠い昔から言われてきた言葉で、昔も今も変わりがないのです。このような意識を持つようでは部下は親しみを感じて近づいてはきません。上に立つものは相手が近寄ってくるのを待つのではなく、上司から進んで、「こちらに来ないか？　一緒に話しでもしようや……」と気安く声を掛ける必要があります。

自分の方が階級が上だ、監督者だ、と意識するから部下の方から近づいてくるのが当然と考えるのでしょう。しかし、そういう監督者に「あなたが消防士の頃、監督者に積極的に近づきましたか？」、と尋ねると答えられないのです。上に立つ幹部は自らの経験や知り得た知識、技能等のノウハウを若い世代に伝える責務があるのです。

親しさ、気安さ、親切心、理解する心があれば、部下は黙っていても近づいて来るのです。作家、阿川弘之は軍隊経験の話しのなかで「上官たるものは、部下がその顔を見て、何となく気持が和《なご》むような豊かさを持ってなければ駄目だと言われてきました」（p・216、藤原正彦「日本の矜持」新潮社）と述べていますが、上に立つ人には、人柄のよさ、親しみ易さが必要です。

自己啓発に欠ける管理・監督者は、とかく、肩をいからせ、弱みを見せまい、と力む傾向があります。昔、私が消防士長であった頃、署長が笑みを浮かべながら「高見君！　応問する」、と言って、歴史上の人物について質問されたことがありました。「応問」という言葉は、私には聞き慣れない言葉で、おそらく軍隊用語からきたものと思われます。

「応問とは問いに答えよ」という意味で、威圧された気分でした。署長は自ら知っていて質問したのか、知らないで応問という手法を用いたのか、この点、知る由もありませんが、仮に、知らずして「応問」という手段で部下の知識を推し量ろうとしたのであれば、権威やプライドを楯にした行為だと思います。若い人との人間関係は、上に立つ者の素直さがなければ部下は警戒して心を開きません。いつも建前論だけで肩をいからせ、俺は完璧だ、と言わんばかりの態度をとれば、若い部下は親しみをもって、真摯に耳を貸そうとはしないでしょう。ときには失敗したこと、ドジを踏んだこと、上手く行かずに恥を掻《か》いたこと等、話をすれば、人間味のある上司として部下から親しみと信頼を得ることができるのではないでしょうか。

部下の評価

これからの時代は、公務員もまた企業と同じで能力主義、成果主義、費用対効果、経営意識等が求められます。個々職員の仕事に対する目標管理、責任性が一層、重要となります。長年、前例踏襲主義、年功序列主義のもとで、仕事の成果を漠然と評価し、成果に関係なく一律にベースアップし、ボーナスが支給されてきましたが、最近は、個々の職員の能力や仕事の成果を正しく評価し、給与に反映させる制度を取り入れるところが増えています。人の能力を正しく評価するには、勤務評定も形式的なものではなく、より綿密な評価が必要です。

机上事務が中心の一般公務員とは異なり、消防の職務は、消火、救助、救急、予防、調査、防災等、仕事の内容も様々です。救助や救急業務等では、専門職として仕事をするところもあれば、火災や救急等の仕事と兼務しているところも少なくありません。一つの手法で単純に部下を評価することは難しいと思います。このような問題を解決するには、既に述べてきたように、個々の職員に対する目標管理が重要です。問題は、上司が部下を評価するには、いかに適正に評価できるかの能力が必要とされます。これからの時代は客観的な評価を行うには、部下からみた上司の資質を評価の対象とするところが出てくるものと思われます。作家、阿川弘之は、戦前の海軍の人物採点法について次のように述べています。「艦長が項目ごとにA・B・C・Dというふうに採点するのですが、ある艦に乗っているとき、ほとんどAばかりだったのが、別の艦に替わったらBやCが増えたとしますね。それでもすぐにはランクを落さないんです。それで次の艦に行って、またAが増えたら、監査の対象とされるのは前の艦の艦長なのです。なにか、依怙贔屓《えこひいき》や私情が絡んでいるんではないか、というわけね。それを非常に厳格にやったらしくて、よき時代の海軍では必要とされるところへ最も適格な人材をすぐに送り込んできたと聞いています」（藤原正彦「日本人の矜持」p・216　新潮社）、人を正しく評価するには、評価手法を学び研究する必要があります。組織を通じて評価能力を高める教育も必要です。

気遣いのうまい人の能力

機転が利き上司への気配りがうまい部下は、上司にとって使い易いので重宝がられます。機転の効く部下は必要ですが、このような部下だけを集めていると、組織は活力を失い発展しません。経験から言えることですが、実力があって良い仕事をする部下は小回りが利かず、上司のご機嫌を取り、ゴマを擂《す》ることが下手です。上司の考えに対し、瞬時に迎合するようなことはしません。上に立つ者は正しく部下を見る目を持たないと、能力のある優秀な人材を組織の隅に追いやることになります。

部下のなかには将来、組織の中で栄進するだろう、と思われる上司に近づこうとします。表現は悪いが親分探しです。この人！　と狙いをつけ、何とか自分の存在を認めてもらおうとして、いろいろな戦術・戦法を用います。

ある日のこと、突然Ａと名乗る職員から電話がかかり、相談に乗って欲しいことがある、と言うのです。職場では話しにくいので公舎に伺いたい、と言うので、会って話しを聞くことにしました。Ａは、「実は町会の仕事をしているのですが、住んでいる住宅街のすぐそばに急傾斜地があり、いつ土砂災害が起こるか分からないので、付近の住民が心配しています。市役所に行って相談したのですが、よい返事が得られませんでした。どうしたらよいのでしょうか？」という相談でした。住んでいる街の役所から、よい返事が得られない問題を私に相談されても困る話しです。ところがＡの目線を見ていると相談の内容はどうでもよいのです。Ａは公舎の庭をキョロキョロと見渡しながら突然、薔薇《ばら》の話しに変わり、「庭は芝生だけでは淋しいですね、素晴らしい薔薇《ばら》の苗木があるので、近い内にお持ちしましょうか」と言って人の顔を見る。「ここは公舎でね……それに薔薇は虫がつきやすく、消毒に手間が掛かるので、お志は有難いが後々、入居する人に迷惑をかけてはいけないので遠慮するよ」と言って断ったことがありました。

世の中には実力がないのに組織の要職に就く世渡り上手な人もいます。これも才能の一つと思いますが、これでは組織の発展は望めません。幹部になれば、人を見る目をしっかり持つ必要があります。太鼓持ちをどんどん登用すると組織はやがて活力を失うので注意が肝心です。

第五章　自己啓発による能力向上法

自己啓発は、なぜ重要か

このようなことを言うと叱られるかも知れませんが、上級階級へと昇任するに伴い、自己啓発を行う人が少なくなるのではないでしょうか？　昇任するに伴い、教育を受ける機会が少なくなるので、それだけに自己啓発が一層、重要なのです。私は、課長、署長、部長というポストで仕事をしてきましたが、消防大学校や消防学校で受ける幹部教育は短期間の教育です。部長になると年に一回程度、外部の講師を招聘し、一〜二時間程、話しを聞く程度でした。従って人格を高め教養、知識、経営能力、決断力、先見性、指導力等を養うには、何よりも自己啓発が大事なのです。

米国の消防教本は、消防士の教育目的は、「消防に関する知識、技能、訓練等を修得させることにある」、幹部教育は、「リーダーシップ・自己啓発にある」と、述べています。自己啓発を行うか行はないかは、一人ひとりの個人の判断に任されます。このため強い意思を持って自らを律し、自己啓発に努めることが重要です。

昔から人の上に立つ者は帝王学が必要だと言われてきました。帝王学とは「帝王になる者がそれにふさわしい素養、見識などを学ぶ修養、社長など人の上に立つ者に求められる修養」とあります（広辞苑）。言い換えれば、幹部にふさわしい素養、識見を学び修養することをいいます。私は署長、学校長をしていた頃、酒の席で「帝王学がないね」と言われたことがありました、自ら省みて部下に迷惑をかけたり、道理に反すること、誠意に欠けることをした憶えはないのですが、言われるからには帝王学に欠けていたのかも知れません。

署長になって間もない頃、職場のY課長が梯子酒をしてきたのか、夜遅く公舎にやってきました。酒を飲みながら「署長！　あんたは帝王学がないね～」と笑いながら言うのです、酒を飲んで千鳥足で帰って行きました。消防学校長になった頃、年上のM副校長に酒の席で、「校長！　あんたは帝王学がないね～」と同じことを言われたことがあります。二人はいずれも酒が好きで、一次会で帰る人ではなかったのです。酒付き合いのよくない私に未熟さを感じ、「帝王学がない」と言ったのかも知れません。Y課長は、間もなく他の署に転勤しましたが、あるとき久し振りに会うと「今度の署長は、うるさくてね、朝、出勤して顔をだすと「酒臭いね～君、朝から酒臭くてはいけないね～と言われてまいったよ～」とこぼすのです。このとき思いだしたのは、私に「帝王学がないね～」と言われたことでした。副校長も同じタイプで二次会、三次会が好きでした。

私は酒は好きですが、深酒は嫌いです。ほどほどに飲み雰囲気を楽しめばそれで十分です。

できれば一次会までで、義理でお付き合いをしても精精、二次会止まりです。夜遅くまで酒を飲むのは時間の無駄遣いで、健康にもよくないからです。音楽を楽しみ、本を読む時間もなくなるからです。

幹部になれば誰でも帝王学が必要です。互いに切磋琢磨すべき問題で、他人に対し簡単に帝王学があるとか、無いとか口にすべきことではないのです。幹部は常に自己啓発を通じて自らの能力向上に努めるべきです。

急がば回れ……経験は必ず役に立つ

最近の公務員試験では、三〇歳～四〇歳を目標に中途採用を行うところが増えています。企業等に勤務し転職して消防の社会に就職した人は、学校を卒業して消防に採用された職員と比較してハンディキャップを感じるのではないかと思います。私が消防に採用されたのは二八歳のときでした。同期生の多くは一八才の若さ漲る若者達で、ひと回りも違う若者と消防学校で同じ教育訓練を受けたのですから、果たして一緒について行けるのか、複雑な気持でいっぱいでした。

戦後、家庭の経済事情は苦しく、兄弟も多かったので高校を出てすぐに上京し、米軍でアルバイトをしながら英会話教室や英文タイプライターの学校に通いました。遅れて大学に行き、遅れて消防に入ったのですが、勤務するうちに思わぬところで過去の経験が役立ちました。

同僚と二人で、約四〇日、米国への消防研修を命ぜられました。このとき役に立ったのが、米軍での勤務、英会話教室で学んだことでした。英文タイプライターは、今では昔物語になりましたが、パソコンを覚えるとき、キーの英字の配列は英文タイプライターのキーの配列とほぼ同じで、苦労せずに習得できました。消防に勤務する傍ら経営学を学びたいと思い、商学部（二部）に学士編入しました。ここで経営理論を学びましたが、米軍（極東空軍兵站司令部）で勤務した当時の仕事（事務管理）は、意外にも経営理論に基づく管理手法であったことが後で分かり、実務経験が理論とドッキングし、お蔭で一層、経営学について理解を深めることができました。

実務と理論を活かしたマネジメントを学んだことが、消防の社会で大いに役立ちました。消防を退職してセゾングループの顧問となり、災害危機管理、リスクマネジメントの仕事をしましたが、ここでも大いに役立ちました。

私事にわたり苦労話をしたのは決して自慢話しではなく、他の職域で勤務し、歳を経て消防の社会に採用された方々に、経験は決して無駄にはならない、必ずどこかで活かすことができるということをお話ししたかったからです。

年齢的なハンディキャップを意識しないで自分に何ができるか、一つでも多くの能力を身につけ知的好奇心を旺盛にして、何事も前向き思考で目標に向かって全力投球をすることです。

読書の目的

読書はただ漫然と読めば良いというものではありません。読書はなぜ必要か、読書をする目的は何か、について考えることです。目的意識を持つことで本の選択が変わります。目的意識を持たなければ、ただ漠然と読書をすることになるからです。

浜口首相のとき大蔵大臣を務めた井上準之助は、「人間ハ考ヲ高尚ニシテ気ヲ平静ニナスニハ、読書ニ及ブモノハ無之候」と述べています（城山三郎「男子の本懐」新潮文庫）。

安岡正篤は……

「古典とは、現代の諸問題に対する解釈の原理・原則というものを力強くちゃんと打ち出しておることがひしひしと身にこたえる。古典および学問の限りない妙味があるわけです。人間はいくら偉くても、やっぱり学ばんといけない。いや偉ければ偉いほど学ばなければいかん。「古人の言、我を欺かず」であります」と述べています（「先哲が説く指導者の条件」）（ＰＨＰ文庫）。

「人間は偉くなれば、なるほど学ばないといけない」とは、裏を返せば、「人は、とかく偉くなると学ばなくなる」ことを示唆しています。安岡正篤は、古典を読むことの重要性を説いています。古典を読むことによって、現代社会が当面する困難な諸問題を解決する糸口を見つけられます。ここには多くの知恵が隠されていることを知る必要があります。

自らの考えを持つには読書が必要です。本を通じて視野を広め、自らの考えを持つように努めることです。座右の書が必要です。私は、若い頃、本は一冊でも多く読めばよい、とただ漫然とそう考えていました。あるとき「あなたの好きな言葉は？　あなたの座右の書は？」と聞かれて戸惑ったことがありました。

好きな言葉、座右の書が無いということは信条がないことを意味します。そこで安岡正篤の著書や「言志四録（上・下）」（佐藤一斎、講談社）、菜根譚、正法眼蔵、正法眼蔵随聞記等を読みましたが、正直言って難解でした。そこで「言《げん》志《し》四《し》録《ろく》」（佐藤一斎、全訳注、久須本文雄、講談社）を座右の書にしました。この本は、四書（論語、孟子、中庸、大学）、五経（易経、書経、詩経、礼記等）等から構成されており、学問、道徳、修養、教育、読書、

風流韻事等、人事百般にわたり平易に解説されています、

心の時代が重視される現代社会にあっては、人間としての生き方、人格の形成、人間関係のあり方等、幅広く学ぶ必要があります。「言志四録」は推奨したい本の一つです。

いずれの職場においても理屈をこねる人は、とかく敬遠されやすい傾向にありますが、物事の道理を学び、論理的な考えを持つには本を読むことです。

徳川家康、宮本武蔵、織田信長等、時代小説は読んで確かに面白いのですが、時代小説を読むだけでは力は付きません。本を選び計画的に読むことによって能力向上に役立つのです。

ショーペンハウエルは、「読書について」（斉藤忍隋訳、岩波文庫、p・16）という著書で、「すでに他人の踏み固めた道に慣れきって、その思索のあとを追うあまり、自らの思索の道から遠ざかるのを防ぐには、多読を慎むべきである」と述べています。このことは大変、重要なことだと私は思います。ただ本を読むのではなく思索することが重要です。

ショーペンハウエルは次のように述べています。

「反復は研究の母なり。」重要な書物はいかなるものでも、続けて二度読むべきである。

それというのも二度目になると、その事柄のつながりがより良く理解されるし、すでに結論を知っているので、重要な発端の部分も正しく理解されるからである。さらにまた、二度目には当然最初とは違った気分で読み、違った印象をうけるからである。つまり一つの対象と違った照明の中で見るような体験をするからである」

繰り返しますが、本を読む究極の目的は、自らの考えを持つことにあります。ショウペンハウエルが多読を戒めているのは、多くの人は単なる乱読で終わるからだと思います。「反復は研究の母なり」と述べているのも同じ本を反復して読む人が少ないからです。

本の読み方、身に付く読書の仕方

本を読むには……

読書の仕方は、個人差があるので、これが読書のあり方だと決め付けることはできません。私は、職務の関係で次のような目標を立てて読書をしてきました。初級幹部の頃は、もっぱら次の①②が中心でしたが、その後、③④⑤と間口を広げるようにしました。

① マネジメント（経営学）に関する本
② 人間はいかにあるべきかに関する本
③ 国内の災害（消防・防災）に関する文献
④ 外国の災害に関する文献・資料
⑤ 文芸に関する本

① マネジメントを学ぶ

「マネジメント」は、企業では必要だが、行政には関係がないと考えてはいませんか。初級幹部になった当時は私自身「マネジメント」について、ほとんど関心がありませんでした。人事、教育、企画関係の仕事をするようになると、組織とは何か、人や仕事の管理、仕事の推進、事業計画・財政、情報、リーダーシップ、部下指導等、マネジメントに関する勉強が必要だと考えるようになりました。

Ｐ・Ｆ・ドラッカーの「マネジメント」の本を読み、思わず「これだ～」と思いました。そこには、「行政（公的機関）もまた、マネジメントの考えを取り入れる必要がある」

と述べてあったからです。将来は消防行政にも必ず「経営管理」、「マネジメント」が必要になるに違いないと思いました。しかし、在職中はマネジメントの重要性について議論されたことはありませんでした。経営、マネジメントは企業がやることで、行政には関係がないといった考えが支配的でした。

最近、ようやく行政改革や公務員改革等で、行政にマネジメントの考えが導入されるようになりましたが、戦後、長きにわたり行政にマネジメントの考えが導入されてこなかったのです。国は中央集権主義のもとに地方行政をコントロールし、地方は国の定める法令、地方財政計画、行政指導等、言われるままに仕事をしてきた背景があります。

一九九一年、バブル経済が崩壊し、国や地方財政が逼迫するに伴い、行政もまた経営的な考えを必要とする時代になりました。地方自治体には、経営的な視野に立って、より合理的で能率的な行政サービス、国民に開かれた行政が求められています。

経営管理、マネジメントを学ぶことは仕事の上で役立ちます。例えば、消防力の配備の考え方、組織の広域化、消防署所の統廃合、省力化、消防コストのあり方、情報・事務管理の能率化。人事管理では、目標管理、職場の士気高揚、労務管理。教育では、教育効果をどう高めるか。安全管理のあり方等、前例にない新しい問題に取り組むうえで創造性を発揮し応用しました。ときには消防批判に対して経営的な観点から反論ができたのも経営学を学んだお蔭だと思っています。

これからの消防教育は、カリキュラムの中に、「マネジメント」（経営的管理）や「リーダーシップ」に関する教科目を取り入れて経営的な考えを持った人材を育てることが必要です。日本的な「管理」と「マネジメント」は、同じではありません。このことをよく理解する必要があります。

マネジメントや経営理論に関するいろいろな本が出版されています。一例を挙げれば「経営学説入門」（北野利信編、有斐閣新書）は、経営学の発展の経緯について分かりやすく説明しています。組織とは何かについて理解するには、H・ファヨルが書いた「産業ならびに一般の管理」（山本安次郎訳・ダイヤモンド社）があります。「組織」について分かりやすく述べており、古典中の古典ともいわれ、現在でも大いに参考になります。次に人間の行動科学、作業能率、生産性向上について書かれた本には、F・W・テーラーの「科学的管理法」（上野陽一訳・編、産能大学出版部）があります。消防の災害活動や訓錬等を通じてものごとを考えるうえで、この本は大変、参考になります。ドラッカーは沢山の本を書いています。なかでも「抄訳マネジメント」（上田淳生訳、ダイヤモンド社）は、入門編としてよい本だと思います。

米国のＮＦＰＡ（米国防火協会）で出版している「消防行政管理」（Management in The Fire Service）は、翻訳されてはいませんが、興味のある方には、大いに参考にすべき教本です。

推奨したい本はいろいろありますが、詳しくは筆者の「消防行政管理……職場のリスクマネジメント」（近代消防社）を参考にして下さい。

「マネジメント」を学ぶことは災害に関する「リスクマネジメント」、「危機管理」を考えるうえで大いに役立ちます。単に仕事に役立つだけではなく、消防を退職後、企業、農業、園芸、町会、自治会、ＮＰＯ等の仕事をするうえでも大いに役に立ちます。

自衛隊の幹部教育に使用される「軍事学入門」（防衛大学校・防衛学研究会編、かや書房）は、軍事学を中心に編纂してありますが、国家公共のために命を賭して目的完遂のために行動するうえで共通するものがあります。戦略、戦術、災害の危機管理を学ぶうえで参考になります。

② 災害（消防・防災）を学ぶ

消防の実務書（火災、救助、救急、予防等）は数多く出版されています。ところが消防・防災について「何が問題か」、「いかにあるべきか……」となると、積極的な意見提言を行う幹部は少ないように思われます。実務を経験したことのない学者や有識者が専門家と称して意見を述べ、消防はこれに追従しているかにみえます。現場主義に立ち、消防は専門家として、もっと社会に向かって発言すべきです。常備消防で働く職員は、全国で約一〇万人、勤務年数は三十〜四十数年勤務します。最近、救急救命士を養成する学校が増え、消防を退職後、講師として専門的知識を活かす人が増えてきました。火災調査の仕事を経験した職員は損害保険会社で専門的知識を活かす人がいます。いずれも歓迎すべきことです。ところが災害対策、危機管理、消防政策の専門家は残念ながら極めて手薄です。消防学、災害学といった分野の専門家が進出しないと、手足の活動は消防、頭脳は外部の有識者では、いつまで経っても消防は主体性を持って発展させることが難しいと考えます。

行政管理、行政政策は、国が行うものと考える幹部が少なくないようです。自ら管轄する地域社会の消防、防災に熱意を燃やすことは勿論、大事なことですが、近隣都市や府県、国レベルの立場で消防防災のあり方を考え、自らの識見を持つことは幹部として大変、重要なことです。

これからの時代は、現場を知らない有識者が机上の論理でものごとを判断し、発言するのではなく、現場の視点、現場主義の観点に立って消防、防災を論じることのできる人材の育成を図る必要があります。災害に関する調査記録、判例、出版物、外国で起こった災害事例、危機管理等に関する本を読み、視野を広めマスコミや有識者は何を考え、何を指摘したか、関心を持って是々非々を考え、自らの意見を述べるべきです。

阪神・淡路大震災では、災害後、沢山の本が出版されました。危機管理という用語が氾濫し、危機管理に値しない書籍が数多く出版されました。いろいろな消防批判、論説、意見には厳しい目を持つ必要があります。多くの出版物のなかで、「阪神大震災と自治体の対応」（高寄昇三、学陽書房）は（当時、著者は神戸市役所に勤務されていた）、自治体の立場から防災・消防行政のあり方等についてシビアに冷静に論じています。

ヘリコプターによる消火活動が行われなかったことで、消防はマスコミや世論から手厳しく批判され、週刊誌的な発想で消防を罵倒した記事がありました。しかし、批判の中にも建設的な意見もありました。民間のヘリコプター会社社長、西川渉氏の「なぜヘリコプターを使わないのか……危機管理システムの核心」（中央書院）、は、ヘリによる消火活動を行うことの必要性、消火活動に伴う意思決定のあり方等、一読するに値します。

阪神・淡路大震災が起こった当時、兵庫県知事であった貝原俊民氏は、数年後、「大地からの警告」（ぎょうせい）で当時の模様を詳しく述べています。大震災時に迅速に自衛隊の派遣を求めなかった理由、危機に際しての意思決定が、ボトムアップ方式ではなくトップダウン方式で強いリーダーシップを発揮すべきだと、反省の気持を込めて述べています。当然なこととはいえ、危機的災害を経験したトップの意見は大いに参考になります。

③ 外国の情報に目をむける

グローバル化が進む現代社会では、情報、知識、技術等の現状を知るうえで海外の消防事情に深い関心を持つ必要があります。消防は小規模組織が多いためか、概して先進国の消防事情に関心を持つ幹部が少ないように思われます。一週間程度の海外出張で「外国の消防には見るべきものがない、日本の消防が一番!」、と豪語するようでは井の中の蛙です。「おらが村意識や日本が一番」といった傲慢な態度を捨てて、良い点は謙虚に学ぶべきです。海外の消防実情に精通しているわけではありませんが、海外の資料や米国に行ってみると学ぶことがいろいろあることは確かな事実です。

外国消防（特に、米国）の管理（マネジメント）、消防コスト、危機管理、山林火災、安全管理、教育訓練、リーダーシップ、事業継続計画等は参考になります。

9・11テロ事件は、世界の人々に大きなショックを与えました。ニューヨーク消防局は、局長以下、三四三人の消防士（全体の犠牲者数は、二八二三人）が、高層ビルの倒壊で殉職しました。NY消防局は、再び大惨事が起こり多くの殉職者を出さないために、マッキンゼー社と協力して詳細な調査報告書をまとめています。パソコンを通じて報告書を読むことができます。この報告書には、二九分間にわたり指揮本部が機能マヒしたこと、消防部隊との情報通信の途絶、警察からの情報が交信できなかったこと、支援部隊が指定した終結場所に参集せず、直接、災害現場に急行し大混乱になったこと等、詳細に報告しています。危機管理を学ぶには外国で起こった最悪事態の教訓に学ぶべき点が少なくありません。

NY（ニューヨーク市）消防局の大隊司令官、リチャード・ピッチャート氏は、世界貿易センタービルの崩壊で、九死に一生を得て生還した人ですが、当時の模様を「9月11日の英雄たち」（春日井昌子訳、早川書房）で詳細に述べています。救助活動に伴う判断、行動、安全管理等について、現場指揮官としての判断・意思決定、隊員と共にどう行動したかについて詳細に述べています。

ジャーナリストの、ジム・ドワイヤー＆ケヴィン・フリン氏は、「9・11　生死を分けた120分」（ジム・ドワイヤー＆ケヴィン・フリン＝三田基好訳、文芸春秋）には「百二分間にわたって一万四千人の男女がワールドトレードセンターで命がけの戦いをした生存者、目撃者とインタビューをした他、電話、電子メール等を通じて知り得た情報をまとめています。

ジャーナリストのファン・ゴンザレス氏は、「フォールアウト」（ファン・ゴンザレス・尾崎元訳・岩波書店）で、9・11テロ事件の救助活動で呼吸保護器が不足していたため、多くの消防、救助隊員等が粉塵等で呼吸器疾患に冒されたと述べています。事実に基づく著書、報告書には、多くの示唆に富んだ教訓が述べてあります。

都道府県、市町村は、国民保護法に基づいて「国民保護計画」を策定しました。計画ができれば危機管理は万全と考えるのは早計です。国の指導で法律を作り、計画ができたからといって、これだけで国民の安全が守られるわけではありません。多くの国民は国民保護法について知る人は極めて少ないのが現状です。国や都道府県・市町村が相互に密接な連携に努めても地域社会の危機に備えた防災組織、国民一人ひとりの危機的災害に対する備え、行動（自助努力）がなければ安全を確保することは不可能です。

ＮＢＣ（核・生物・化学）兵器を使用した戦争、テロ対策は、欧米の方がはるかに進んでいます。「核テロ」（グレアム・アリソン、日経新聞社）をはじめ、チェルノブイリ原子力施設の事故や茨城県東海村の臨界事故について書かれた本が数多く出ています。米国の消防、警察、救助、医療関係者等に対して書かれたマニュアル「生物化学兵器早わかり」（米国テンペスト社編、西恭之訳、啓正社）は、具体的に分かりやすく書かれています。

消防は大規模な災害が起これば、広域的に支援することになります、大部隊を運用するには、大部隊を運用するためのノウハウが必要です

消防の組織は、概して組織の規模が小さいので、広域的に部隊を指揮することには慣れていません、私は在職中に二回、第三出場を経験しましたが、危機的災害にどう対処すべきかについて十分な能力を会得していなかったために、大部隊を運用することの難しさを痛感しました。平素から部隊の運用に伴う戦略、戦術等のあり方について研究し訓練をしておくことが必要です。

例えば、クラウゼヴィッツの「戦争論」、モルトケ（近代ドイツ軍の父と呼ばれたプロイセン陸軍参謀総長）の「戦略論」（モルトケ・戦略論体系、片岡徹也編著、芙蓉書房）は難解ですが参考になることが述べてあります。軍事上の作戦・戦略・指揮官、司令部と部隊間相互のコミュニケーション等、大きな部隊をどう運用すべきか、について説明しています。

消防は戦争とは直接関係ありませんが、階級制度（軍隊組織）を取りいれているだけに、組織集団をどう統率し運用するか、戦術・戦略を考えるうえで共通する面が少なくありません。クラウゼヴィッツの「戦争論」は、現在でも多くの企業、大学の研究機関等で経営戦略、・戦術の観点から研究され読まれています。ものごとをマクロやミクロに考える上で大いに参考にすべきです。

④人の道について学ぶ

最近、大きな本屋では、老子、孟子、論語、倫理、道徳、武士道精神、心の問題等に関する特別コーナーが設けてあります。この背景には、政治家、公務員、企業経営者等、社会の指導的立場にある人びとの犯罪、事故、不祥事や国民のモラルの低下に伴い倫理、道徳に関する本を求める人が多いのではないかと思われます。

倫理・道徳の低下は、人間としての道を踏み外し、不正をしても法に反していなければよしとしたり、正義、不正義の考えを曖昧にしています。「人の心は金で買える」とうそぶく若い経営者、元高検検事長、弁護士、次官といった社会的地位の高い人の犯罪が増加しています。いずれも一例に過ぎませんが、このような犯罪、不祥事が起こる背景について考えてみる必要があります。

組織ぐるみの犯罪・不祥事の未然防止は、組織としての対策が必要ですが、個々の人間が犯す犯罪、不祥事は、個人の自覚に係る問題であるだけに、一人ひとりの自覚に待つほかはありません。重要なことは倫理・道徳感を高めることにあります。

「言志四録」には、徳と地位について次のようことが述べてあります。

徳と地位について

君子とは徳のある人を指していう言葉である。昔は徳のある人は、その徳に相応した立派な社会的地位があった。すなわち、その人の徳の有無・高低によって、地位の尊卑・高下が定まっていた。ところが後世になって、なんら徳を備えておらずに、上位につく者が出てきたので、君子の中にも、高い地位にあるというだけの理由で、君子と称する者があるようになった。今日の君子といわれる人々は、自らそれだけの実を備えていないのに、君子という名をつけられて、どうして恥と思わないのであろうか。

（言志四録（上）佐藤一斉著、久須本文男全訳注、講談社、p・10）

今の世相は知徳の備わった人がトップに就いているとは限らないと考えれば、「まさかあの人が」……といって殊更驚くこともないのです。

渋沢榮一は、私の尊敬する人の一人ですが、この方は、著書の中で、明治以降、欧米から文明の導入に伴い、日本古来の精神や心が失われていく姿を嘆いています。現在より遥かに国民の倫理、道徳意識の高かった明治の時代ですら、日本古来の倫理観が失われていくことに警鐘を鳴らしました。

幕末の先覚者、橋本左内（福井藩出身）は「啓発録」を著しましたが、この中で福井藩主に送った意見書に……

「洋学を学ばせるには、忠義・実直の精神と清廉で恥辱を知る気風とを本源とすることが大切である」（略）「洋学科のみを学習させることとなると、将来に至り、自然とその学識が一方に偏より弊害が生じるものと思われる。従って、行く行くは、教授がよく人造りをして、どれか一つの経書に充分精通した者に洋学を一科ずつ学ばせることとしたい。例えば「春秋」、「内外伝を得意とする者には兵学科を、「国礼」を得意とする者には」製械科や開物科を「易経」を得意とする者には究理科をというふうにすれば、洋学ばかり偏重する学生が育つことなく、洋学教育の導入のご趣意にそった正しい学風が形成されて行くことになろう」。

と述べています。

日本は戦争に負け、どん底の生活から豊かな社会になりました。しかし、一方において知らず知らずのうちに、精神や心のあり方、人間としての人格（徳）の陶冶といった人間学が軽視されてきたように思われます。このため幹部は経書をはじめ菜根譚、武士道精神等、倫理・道徳に関する本を読み、自ら実践規範を持つ必要があります。

考える、創造する、応用する

日本人は一般的に応用することは得意ですが、考えたり、創造したりすることは不得意だと言われています。今、日本では、自動車をはじめTV、パソコン等の電気製品が主要な輸出産業となっています。しかし元はといえば外国で発明されたものです。勿論、外国で発明されたものであっても改良を重ね、逆輸出して外貨を稼ぐのですから、結構なことだといえるでしょう。ここで私が言いたいのは「考える力」を持つことが重要だということです。消防は仕事の性格からくるのかも知れませんが、「考える」より先に「行動」することが習慣付けられています。消火、救助、救護等、迅速な行為・行動がどうしても優先されやすいのです。このため幹部になっても、ものごとを深く考えようとしない傾向がみられます。だが、消防士であれば、いざ知らず（消防士であっても考えることが大事だが）、幹部になれば、考える、創造することが重要です。皆と同じ考えを持てば、違和感がないので反発されることはないのですが、独創的な考えを持つと、あいつは変わっている、と言われます。しかし、「みんなと一緒」、「仲良しクラブ」では組織は発展しません。

階級制度の社会は、組織集団を指揮統率することが重要です。いろいろな考えや価値観を持った幹部・職員が増えると、考え方に混乱が生じ、ものごとが円滑に行かないと危惧し、とかく意思統一を図る傾向があります。しかし、考えたり創造することによって、組織内部に混乱が生じるとは考えられないのです。いろいろな考えや発想があって組織は発展するのです。

消防の社会は上意下達の社会です。このため指示されたことを忠実に行えばそれでよしとする気風が強いので、ものごとを深く考えたり、創造したりする習慣が根付かないのかも知れません。幹部教育の場で感じることは、消防研修では学生から具体的事例、いろいろな失敗談を聞かせてくれ、といった要望が多いのですが、教える側から何か質問は？と聞くと、質問らしい質問がほとんど出てきません。事例や失敗談を聞くことは、勿論、大事なことですが、事例を聞くだけでは意味がありません。なぜ失敗したのか、どうすれば上手く行くのかを考え、創造し、理論や基本原則に結びつけて学ばないと力はつきません。

人生、三つの柱

人生において、生き甲斐感を持って仕事に励むことは大事なことです。ところが退職すると仕事から解放され、糸の切れた風船のように目標を見失いがちです。そこで私は次の三つを目標にして生活してきました。

① 信頼すべき家族、知人との人間関係を大切にする
② 孤独を楽しむことができる自分の世界を持つ
③ 世のため、人のために少しでも役に立つ責任ある仕事を持つ

このことは確証あってのことではなかったのですが、城山三郎の著書「打たれ強く生きる」を読み、私が心掛けてきたことは、あながち間違ってはいなかったと思っています。

城山三郎さんは、この著書で……

「ニューヨークの精神科医、石塚幸さんは、わたくしが「生き残りの条件」を訊き歩いたとき、破滅に至らぬためには人間は、三本の柱を太くしておく必要ある、との意見であった。

その柱の一つが「インティマシー」。つまり、家族とか友人とか、親しい人びととの付き合いである。「親密な時間」を必要としているのは、子供だけではない。日本人はとくに夫婦間の親近関係が弱く、逆にそれだけ会社での人間関係が非常に濃密になってしまう。人事に過度に敏感になり、これまた危険な傾向となる。一方、アメリカ人のように、インティマシーの柱が太すぎると、大きなストレスが、第一に配偶者の死、第二に離婚ということになる。そのストレスを避けるためには「セルフ」の柱も太くすることである。自分自身だけの世界、信仰とか読書とか思索とか、あるいはひとりだけでできる趣味の世界である。

三本目の柱は、「アチーブベント」、つまり、仕事とか、はっきりした目標や段階のある趣味の世界である。こうした三本の柱がバランスよく太くなって、その上にのって居れば、一本の柱に何か異常が起ころうと、あとの二本で支えてくれる。（略）三本の柱を太くするには、肉親を愛し、よき友人を持ち、よき趣味を持ち、文学や芸術を通して自分だけの世界を豊かにしておくことである。いま自分の柱がどうなっているか。点検しておそろしくなることがある」。

（「打たれ強く生きる」p・156・157、城山三郎、新潮文庫）

内村鑑三は「後世への最大遺物・デンマルク国の話」（岩波文庫）で、次のように述べています。

「後世へわれわれの遺すもののなかに、まず第一番に大切なものがある。金である。われわれが死ぬときに遺産金を社会に遺していく、己の子供に遺して逝くばかりではなく、社会に遺していくということです」、だが、金を溜めることができない人がいる。このような人は、「金よりもよい遺物は何であるかと考えてみますと、事業です。（p・28）事業とは金を使うことです。金を得る力のない人で事業家はたくさんあります」。「私は、金を溜めることができず、事業をすることができなければ、何があるかといえば、思想がある。

頼山陽は、「日本外史」を書き思想を残した。ジョンロックは、最初は、名のない学者だったが、ヒューマン・アンダスタンディングを書き、この本がやがて、モンテスキュ

ー、ルソー、ミラボーが読み十九世紀のヨーロッパを動かした。（p・39）
と述べています。
人生をいかに生きるべきかは人さまざまです。幹部になれば人生に対して目標を持って実践することが大事だと思います。

品位とマナー

品位とは「人に自然にそなわっている人格的価値」（広辞苑）、「その人や物にそなわっている品のよさ、品格」をいう（明鏡国語辞典）。マナーとは「行儀、作法」をいいます。服装、行儀作法、食事の仕方、話しの仕方、容姿について、自ら点検してみる必要があります。「行儀」とは行為。行状。立ち振る舞いの作法（広辞苑）、「作法」……物事を行う方法。起居、動作の正しい法式をいいます。幹部になれば品位、マナーをしっかりと身に付ける必要があります。

① むやみに品定めをしない

公舎住いの頃、署のT課長がやってきて、テーブルに坐るやテーブルの裏側に手を廻し、「コッコッ、コッコッ」と叩きました。ベニヤ合板の安物でしたから、重厚な音は出ませんでした。「いや〜いいテーブルだね〜、これはいいや〜」と笑いながら私の方を見ました。

どう見ても良いテーブルではない。「安物のテーブルでね〜」。誉めてはくれても心にないお世辞は気分のよいものではありません。店舗やデパートに行くと、買う意思もないのに、やたらと商品に手を触れ、コッコッと叩く人がいますが、注意すべきことだと思います。

② テーブルマナー

幹部になると、祝賀会、結婚披露宴等に招待されることがあります。和食、洋食、中華料理等では、マナーが必要です。そういう私もマナーに精通しているわけではありませんが、先日、日経新聞に「食事のマナー」について次のような記事が載っていました。

○中華料理の場合、回転テーブルの上に料理が置かれたら、主賓から先に料理を取り、左回り（時計廻り）で順次取るのがマナーとされています。
主賓は勧められたら遠慮しないで箸をつける、遠慮していると周囲の人が取りにくいからです。

○テーブルに着席するときは、椅子の左側から入り、着席することが基本とされています。国際儀礼のルールでは「右側上位」の考えがあるようです。自分の右側は目上の人のための席としてあけておくのがしきたりとされています。

○和食では、手のひらを食べ物の下に添えて食べる手皿にしない、料理の汁が垂れたり落したりしないように、箸でつまんだ料理を左手で食べ物の下に添える光景を見ることがありますが、和食は、器を持っていただくのが基本とされています。
例えば、刺身を箸につまみ醤油ざらにつけたなら口を近づけるのではなく、皿を持って食べるのがマナーとされています。

レストランでは、フルコースとなると、ナイフ・スプーン・フォーク等、数多く出るので戸惑うことがありますが、使う順序を正しく覚えておきたいものです。

話しの仕方

話し方には、人、それぞれ個性があります。自分の話し方にどのような癖があるか、気がつく人は少ないようです。男女を問わず服装や身なりがよくても、話しをするとまるで品位のない人がいます。話しをするときは次の点に注意する必要があります。

○一人で話題を独占しない
○相手の話しをよく聞かないで、ものごとを決め付けない
○唾を飛ばしながら喋りまくらない
○自慢話しをしない
○高圧的・断定的に話しをしない
○経歴を誇張しない
○下品な言葉は使わない

自慢話は誰が聞いても聞き苦しいものです。自慢げに話しをするより、一歩、下がって謙虚に話しをする方が聞きやすいのです。「俺が」、「俺が」と自分を中心に話題を独占する人は、とかく人から敬遠されます。

謙虚な態度は奥床しさを感じさせます。品位のある人とは、実力がありながら知識を誇示せず控えめで、ここ一番というときに是々非々を、はっきり述べる人だと思います。「人の振り見て、我が身を直せ」、ではありませんが、このことは大事なことだと思います。

時間は自ら創るもの

限られた人生において、時間を有効に使うことは、とても大事なことです。このことは誰でも知っていながら時間を有効に使う人は少ないように思います。

「自己啓発を図れ！」と言われると、「忙しい」、「時間がない」と言う人がいますが、こういう人に限って時間を浪費している場合が少なくないのです。

幹部になると何かにつけて人との付き合いが増えます。付き合いは大事ですが、誘われるままに行動すれば、時間はいくらあっても足りません。どこかで一線を引く必要があります。一日は二四時間ですから睡眠、食事、休憩、通勤、仕事、運動、休養等に必要な時間を除くと残る時間が出てきます。時間をどう有効に活用するかで人生は大きく違ってきます。

聖路加国際病院の名誉院長をされている日野原重明さんは、九〇歳半ばを過ぎました。今でも病院の経営、診療、講義、本を著す等、多方面で活躍されていますが、この方の「時間術」には目をみはるものがあります。

「病院まで車で通勤しています。四十分かかりますが、この間に原稿を書きます。（略）雑誌などで月六本程度の連載原稿を抱えています。ほかに自分の著書や論文、手紙の返事なども書かなければなりません。出張の際は往復の新幹線の中でも原稿を書いています。海外出張のときも飛行機の中で原稿を書きます。十二時間のフライトならその時間でちょうど仕上がる量の原稿に取組み機内では寝ません。到着地が夜だったら、ホテルに入って睡眠薬を通常の二倍飲んですぐ寝ます。目覚ましを二つセットしておいて飛び起きるのです。これで時差ボケを起こしません。」（日経新聞2006・10・16）

この記事を読むとそのバイタリティーに驚き、敬服するばかりで、私にはまだまだ努力の足りなさを痛感します。日野原重明さんの著書の一つに、「私が人生の旅で学んだこと」（集英社文庫）がありますが、貴重な人生のノウハウを知るうえで大変参考になります。

私は日野原さんの時間術に刺激され、外出時には、ショルダーバッグにメモ帳、三色ボールペン、付箋、本、原稿（A4判）を入れて、持ち歩くことにしています。

公園内のベンチ、駅の待合室、百貨店の休憩用の椅子、空いている電車の中、喫茶店等、状況を見ながら休憩をとる、臨機応変に本を読む、原稿を書く、疲れたら一休みする。青い空、流れ行く白い雲を眺め目を癒す。無心に歩き、ぼんやりと休んでいると突然、「そうだ！　行き詰っていたあの原稿に、あの事例を使えばどうだろう～」、と一瞬、閃くことがあります。このようなとき、近くに公園があればベンチに座りメモをとります。

夜中にふと目が覚め、深夜放送を聞きながら参考になる話しがあると、すぐにメモをと

ります。眠いから明朝にしようと横着すれば、翌日はすっかり忘れていることが多いから

です。時間をどう有効に使うかは、考え方次第でいかようにも創意工夫は可能です。

第六章　人間学を学び、人生を考える

威張らない、怒らない、怒鳴らない

ある消防学校の事例研究課題に、「火災現場で隊員を怒鳴り散らす上司（ある消防本部の次長）がいて困っている、何かよい解決策はないか」という問題がありました。この事例を見て、私が中隊長の頃、同じ経験をしたことを思い出しました。夜の火災でしたが、宴席にいた署長は赤ら顔で慌てて現場にやってきたのです。お酒を飲んだ勢いで白い指揮棒を振り回し大声で隊員を怒鳴るのです。大勢の野次馬が見ているところで隊員に罵声を浴びせるのですから隊員はたまったものではありません。野次馬は面白がり、黙々と現場活動をしている隊員の姿を見て、「署長！　止めてくれ！」と心の中で思いましたが、中隊長の立場では、どうすることもできませんでした。ここに出された事例にどう答えてよいか、正直言って名案はありませんでした。署長にアドバイスができるのは、せいぜい直近の幹部くらいなものです。本人にすれば怒鳴っているのではない、隊員を叱咤激励しているのだと言うかも知れませんが、上に立つ者は何事も冷静沈着でなければなりません。隊員に罵声を浴びせ、怒鳴ることが教育だ、とか、叱咤激励と考えるのは大きな誤りです。公衆の面前で怒鳴ることは、一生懸命、仕事に精を出す隊員の士気に水をさします。更に平常心のないところに、的確な判断、意思決定、指揮統率はできないからです。

「威張る」、「怒る」、「怒鳴る」幹部は、概して気が小さく、自信のない人に多いように思われます。外部には及び腰で、組織内では威張り散らし、自らを大きく見せようとして地位、権限を誇示するのかも知れません。上に立てば立つほど自戒すべきことです。

人間とは何か

「人間のすべての知識のなかで、もっとも有用でありながら、もっとも進んでいないのは、人間に関する知識であるように私には思われる」とルソーは述べています（「人間不平等起源論」、p・25、ルソー、岩波文庫）。

最近、一部の大学に「人間学部」を設置するところが増えてきています。これまで人間とは何かについて、ほとんど研究されてこなかったので、この分野の学問・研究が必要とされるようになったものと思われます。日常の生活や職場生活を通じて、お互いに良く理解しているつもりでも実のところは、相手の一部分しか分かってはいないことが少なくありません。長年連れ添ったワイフ、友人で互いに気心が知れていても、ある時、突然、美点・弱点を発見することがあります。互いに相手をよく知ることは難しいことなのです。

階級制度の社会では、階級と階級との間に見えない壁があります。上級にある人の指示には、ことの是非を問わず従いますが、部下の意見は、とかく軽くみがちです。権威主義、形式主義、規律主義が先行すれば、上辺だけの人間関係となり、真の信頼を得ることはできません。仕事をするにしても、仕事の成果だけに注目すれば、部下を一人の人格ある人間として見ないで、ある一面しか見ないことになります。仕事の上では、さほど大きな力を発揮しなくても職場を明朗にし、人に優しく親切で、人と人との絆を大切にする人がいます。人さまざまで、それぞれ一長一短があるのです。

人を見る目に欠け、心にゆとりがないままに仕事中心でものごとを処理をしていると、全体を見失うことになります。全人格的に見る目を持つことが大事です。人間は極めて複雑な存在です。信用していたのに「まさか、あのようなことをするなんて〜」と、いったことは、どこにでも起こる話しです。上司であっても人間としての悩みや弱さがあるのは当然で、完璧な姿、言葉だけを強調してみても部下はついてはきません。人間らしさを率直に曝け出すことで、はじめて心が通じるのです。謙虚な気持で相手に接し、相手の心を思いやる優しさを持つことは、人間相互の絆を強め、心の通じる人間関係を築くうえで重要です。このことは自ら顧みて反省することが多いだけに、あえて強調したいのです。

批判にどう対応したらよいか

管理・監督者になると権限や発言権が増すようになります。いろいろな発言、行為、行動から妬み、やっかみが生じ、批判されることが少なくありません。

リーダーシップを発揮して、組織の統廃合、人員や予算の削減等、合理化を進めれば痛みが生じます。痛みが生じると批判されます。人間は、もともと安定志向が強いために変革に対し抵抗するのです。私が企画課の係長をしていた頃、議会対策や重要事業計画を担当していた関係で、同僚からやっかまれたり批判されたことがあります。「総監のところへ週に何回行くのか」と聞かれたことがあります。回数を数えたことがないので、「呼ばれれば行くし、報告すべきことがあれば行くだけのこと」と答えました。当時は、消防本部庁舎の新設と情報センターの整備という事業計画の事務局が私の係に設置されていました。総合情報システムは、一一九番通報に伴う指令業務をはじめ人事、統計、経理、予防、調査等、全庁的な事務管理を大型コンピューターで処理する大規模な事業計画でした。関係部・課と調整し、主導的に事業を進めていました。ところが、同じ課内で統計を扱う係は、早くからコンピューターを導入して統計事務・事務管理を行う計画を進めていたのですが、本部庁舎の建設に伴い大型コンピューターを導入して一元的管理を進めることになった関係で、この係は主導権が奪われたかたちになりました。このため、なにかにつけてクレームを付けるのです。「東大を出ていないくせに偉そうな顔をするな！」と言われ、仕事と何の関係があるのか、と思いました。今にして思うと、それだけ当時の係長は互いに競い合い、情熱を持って仕事に取り組んでいたのです。

話しは変わりますが、かつて薬師寺管長をされた高田好胤さんは、若い頃、この寺の副住職でした。修学旅行で大勢の子供達がやってくると、自ら進んで易しく説法をしたそうです。ところが寺の坊さん達は、「あれは、案内坊主だ、いつまでも子供相手の話しをしているのはどんなもんだろう。案内は案内人に任せ、その時間に住職学や管長学を学ぶべきではないだろうか、（略）善意の批判であっても、私が信念でやっていることを出来合いの観念で批判してもらいたくなかったのです」、と著書の中で述べています。

真のリーダーは、現状の制度を改善し旧来のシステムを打破します。あるいは旧来にない新たなものを導入します。このため組織内部には抵抗感を持たれ、摩擦が生じ易いのです。真のリーダーは、ものごとを推進するうえで批判が伴うことを覚悟しなければならないのです。

批判されれば何が問題か、確かめることです。自ら省みて落ち度がないか、やましいことはないか、反省すべき点がないか、点検してみることです。理に反していなければ批判に挫けることなく、自ら信念、誠意、情熱を持って進めるべきです。批判されたからといって慌てて手を引くようでは、よい仕事はできないと私は思います。

自ら客観視すること……ホルスト・ハンセンの言葉

新緑の若葉が風にそよぐ日、ある美術館で、ドイツ・ハンブルグ生まれの画家、ホルスト・ハンセン（一九二九〜一九九五）の絵画展が開催されていました。

銅版画を得意とする芸術家で、線の引き方、表現の仕方が実に巧妙でした。絵は全体に陰鬱で抽象的でしたが、館内を廻るうちに、心を打つハンセンの言葉に出会いました。

「私は告白する。　私は自画像を画くとき、自分を一つの静物に見立てて、「物」として鏡に映すのだ。」（「H・ハンセンの樹」より）

ハンセンのこの言葉に出会い、改めて自らを顧みました。というのも、私はかなり前から、もう一人の自分と対峙することを心掛けてきたからです。

就寝するとき、私はもう一人の自分に問いかけます。お前は、今日一日を顧みて、人との関係で、「慇懃無礼な態度」、「人を見下す言葉を吐かなかったか」、「生活にリズムを失い、やる気の失せた顔をしてはいなかったか」、「相手に不愉快な思いや心配をかけなかったか」……と問うようにしました。気障《きざ》なことだと思われるかも知れませんが、実践してみたのです。勿論、毎夜のことではありません、疲れて帰れば食事をして寝てしまい、酒を飲み過ぎて帰れば忘れて寝てしまうこともありましたが、できうる限り実行するように努めました。

幹部になり、昇進するに伴い、相談する相手が少なくなります。忠告してくれる人が少なくなるので自分の正しい姿が見えにくくなります。ここにリスクが生じ易いのです。折に触れ、自らを客観視し、もう一人の自分と対峙して自己の姿をチェックすることが大事です。

人を見る目を養う

幹部になれば、人を正しく厳しく見る目を持つことが大事です。しかし人を正しく厳しく見る目を持つには、簡単なようでなかなか難しいものです。

二六歳で安政の大獄で生涯を終えた幕末の先覚者、橋本左内（景岳）は、「啓発録」の中で、「益友」、「損友」の重要性について次のように述べています。

その人物が厳格で意志が強く正しいか、温和で人情あつく誠実であるか、勇気があり果断であるか、才智が冴えわたっているか、小事に拘泥せず度量が広いか……。

「損友」とは、飲み食いや歓楽を共にするためにつき合い、行楽や魚釣りなどで馴れ合うことはよろしくなく、学問の講究、武芸の練習、武士たる者が持つべき志しや精神の研究などの上で、交じりを深めるべきである。飲食や魚つりなどで、親しくなった友人は、ふだんは腕を組み、肩をたたきあって、互いに親友、親友と呼びあってはいても平穏無事のときに、わが人格を向上させるために役には立たない。何か問題が生じたときも、わが危難を救ってくれる者でもない。このような損友とは、できるだけ会う機会を少なくし、遊興への誘惑に負けぬ強い意志をもち、心安く馴れ合いすぎてわが道義心をけがすことのないように注意しなければならない。損友は、他人に諂い媚び、気に入られるように阿ることを専らとし、小利口で落ち着きがなく、軽々しくいい加減な性質のものである。（略）志すほどの人物は、友人を選ぶには、彼らとは違った厳しい目を持たなければならない。」

また、渋沢榮一は、「訓言集」の中で、

「善きものは少なくして、悪い物は沢山あるごとく、善き友を得るは難しくして、悪しき友を得るは易い。しかるに人は益友を求めようとはせず、わが気に迎合するような損友を喜ぶは、なお善き器物を顧みずして、粗悪な器物を愛すると同じく、惑える甚だしきものである。」

と述べています。

人生を考える

ここでは視点を変えて人生について考えることにします。

退職まであと一〇年と思っていても、あっという間に退職の日はやって来ます。六〇歳で退職すると、健康であれば死ぬまで二〇～三〇年はあります。退職してから人生の終着駅まで充実した生活を送るには、四〇歳を過ぎたなら、人生の生き方について考えてみる必要があります、かく謂う私も、ここまで考えが及ばなかっただけに強く感じるのです。退職後、第二の職場に勤務し、後は年金を貰い、のんびり生活すればよい、といった気持でいたのです。自分に何ができるかを考えるようになったのは、第二の職場を辞めてからのことでした。そこで、消防・防災について、今まで誰も手掛けて来なかった分野に関する著書を書きたい衝動に駆られ、危機管理、行政管理（マネジメント）、リーダーシップ等に関する本を書くことにしたのです。書くことが好きだったので書いてみたのです。幸い、出版社のご支援を頂き、原稿はすべて本にすることができました。本を出すことで講義の依頼を頂き、読む、書く、講義をする、といった生活になりました。

長々と私事に係る話しをしたのは、在職中から退職後の人生の生き方を考えて努力することが大事だということです。「働き盛りに退職後のことを考えるの～？」と、おそらく読者の皆さんは怪訝な顔をされるのではないかと思います。ものごとは一朝一夕に成し得るものではありません。退職する日を目標にするのではなく、人生という長い目で目標を立てて努力することが大事です。退職後は、実務経験を活かして専門性を高めることが必要です。野菜作り、釣り、ゲートボール、ゴルフ、俳句、写真等の趣味を持ち、のんびり過すのも結構ですが、できれば少しでも社会のために役に立つ仕事をすることが、より充実した生活を送る上で大事なことだと私は思います。

死生観について

死生観とは、「死と生についての考え方、生き方・死に方についての考え方」を意味します。「人は必ず死に、人生は有限であること」は誰でも知っています。しかし、過ぎ行く「今という時間」、「今日という一日」をどう過ごすかとなると、それほど時間の尊さを意識する人は少ないようです。人は誰でも死に対する恐怖があります。できれば死は考えたくない、死と対峙したくはない、楽しく日々を過ごしたい、と願うのが人情ではないでしょうか。昔は、天災地変、戦争、病気で多くの死者を出し、死と身近に接する機会が多かったのですが、現代社会は、平和で高齢化社会となり、病院で亡くなる人が多くなりました。このためか、死と接する機会が少なく、死を意識して深刻に考える人は少なくなったように思います。武者小路実篤は、「私は小さいときから死を意識し、死ぬことが怖かった」と述べています。幼少の頃から死を意識する人は早熟で賢い人だと言います。死生観を持つことによって、限りある命、限りある人生、過ぎ行く時間を強く意識するようになります。死生観を持つか持たないかで人間形成、人生のあり方が大きく変わってきます。

○　宗教心について

多くの日本人は神社やお寺に参拝すれば、賽銭を投じ、ご加護を祈ります。信教の自由は憲法で保障されており、宗教心を持つ、持たないは個人の自由ですが、自分の信ずる宗教を職場に持ち込むことは厳に慎まなければなりません。

かつて職場にいた頃、ある課長は、自ら信ずる仏法の信条を課長室に額縁に入れて掲げていました。部屋に来る人に自らの信条を語っていましたが、自らの信条は自らの心の中に留めておくべきことで、仕事とは関係のない話しです。

私は宗教家ではないので宗教について語る資格はありませんが、多少の知識は必要と思い、コーラン、仏教、キリスト教、儒学等、ざっと目を通してみました。ここには人間としてのあるべき道が示されており、慈悲の心、人間愛、人間の儚さ、心の迷いを癒し、弱い心に強い信念を持たせ、生きるために必要な強い力を与えてくれます。

宗教をどう考えるかは個人によって異なります。社寺で神仏に手を合わせるとき、神仏にご加護をお祈りする人もあれば、宮本武蔵のように神を崇拝しても、神のご加護を祈らない武士もいます。武蔵が一乗寺下がり松で、何十人という吉岡一門の相手と決闘した話は有名です。武蔵は決闘する前に神社に詣でて、神を崇《あが》め、勝つことを祈りましたが、勝たせてくれ、とは祈願しなかったそうです、神の力に頼れば心はゆるみ、神頼みになる恐れがあるからだ、と言うのです。神を崇めるにしても他力本願にならず、自らの強い意思と信念で努力することが一つの生き方であり、考え方だと思います。

土光敏夫氏は、政界や経済界では有名な方でした（電電公社、国鉄の民営化で大きな力を発揮した）。朝晩、法華経を唱え、組合と折衝するときは法華経を唱えてから応じたそうです。渋沢榮一（第七章参照）の宗教観は、自然の創造主・天を神として崇め、四書五経を学び、心の糧として偉業を成し遂げました。

現代社会は、地球環境問題、テロ、災害、犯罪の増加、いじめ等、社会的不安が広がり、いつ何が起こるか分からない不確実な時代になりました。このためか、若い人は将来に向かって不安を感じ、新興宗教や占い等に強い関心を示します。最近は、「千の風になって」が大ヒットしました。日本人は宗教と縁が薄くなり、葬儀やご先祖のお墓参りで仏と接する程度になりました。宗教は生きるうえで多くの知恵を与えてくれるだけに宗教観を持つことは大事なことだと思います。現代社会が抱える多くの悩める問題は一朝一夕にして解決できないにしても、宗教を通じて学ぶことは人間性を高めるうえで重要です。

般若心経と洞察力

般若心経は、本文二百六十二文字からなり、原典、「大般若経」は、六百巻といわれています。「大般若経」のエッセンスが「般若心経」ですが、いろいろな方が般若心経について解説しています。読めば読むほど奥行きが深く雄大で、宇宙やものごとの摂理、生と死との一体的関係、ものごとの真理、人間の果てし無い存在が強く迫ってくるような気がします。私が般若心経に強い関心を持つようになったのは、母が生前、唱えていたからではありません。直接の動機は、中山正和さんの「洞察力」（本質を見抜く眼力の秘密、PHP文庫）を読み、啓発されたのです。

中山さんは、お寺の住職ではありません。北大理学部卒の科学者で、企業では役職に就かれ、金沢工業大学教授を歴任され、創造工学研究所長をされている、れっきとした科学者です。科学者である方が何故、「般若心経」か、私はこの点に強く関心を持ちました。紙数に制約があるので、ここでは簡単に触れることにします。中山正和さんは、『洞察力を持つには、「固定観念を断ち切れば洞察できる」、固定観念を断ち切るには、「般若波羅密多」を行ずるよりほかない。般若心経でいう般若波羅密多とは、知恵の完成を意味するといわれている』。（p・135～137）中山さんは、般若波羅密多を三毒（「怒る」、「妬む」、「愚痴る」）を追放に置き換えたと述べています。断片的な抜粋で読者の皆さんは、お分かりにくいかと思いますが、詳しくは同書を参照して下さい。『情感型人間のための「般若心経」式鍛錬法』

「三毒追放」ついて次のように述べています（同書、第二章）。

「もう一〇年ほど前になりますが、私は発心してこの方法をはじめてみました。もちろん、こんなことで般若波羅密ができるはずはないが、多少の効果でもみとめられはしないか、というほどの気持でした。三年つづけたら少しは知恵者になるだろう、ぐらいの、ところです。が、一年経った頃、ふと振り返って見ますと妙な経験をしていることに気がつきました。いうなれば直感力が伸びてきたというか、とにかくものごとが思ったようになっていいて、まちがいがないのです。すべてがそうではないが、そうなることが非常に多いことが分かってきたのです。そのうちに仕事の上のことばかりでなく、日常生活にも「ツキ」というようなことが出てきました。

読みたい本があって本屋に入ったらその本が一冊だけ本棚の上に横にしておいてあるのが直ちに見えたり、新幹線の列車の時刻に遅れて駅に着いたらその列車も遅れて駅に着いたり、まあそういったつまらないことがつづいて起きるのです。アメリカの超心理学会の調査では、「ツイテいる人は一生ついている」ことが明らかにされているそうですが、これは本当だと分かってきました。

こんなことは私がいくら話しても読者諸氏にはホントかウソか分からないことです。そこでどうしてもはっきりとしたデータをとらなくてはならないことになります。ふつう、そういうデータについてはサイコロを使います。(p・139〜140)

私は中山正和さんのいう三毒追放を試したいと思い、毎朝、般若心経を唱えた後で「今日も般若心経の心で努力をいたします、努力をさせて頂きます」、「今日も、怒らない、愚痴らない、妬まない、をモットーに努力します」と、数回繰り返し唱えることにしています。半年を過ぎた頃、不思議なことに「よいチャンス、よいタイミング」に出会う機会が多くなりました。何故か？　いろいろと考えてみたのですが、よく分かりませんでした。強いて自分なりに解釈すると……

①「怒れば」感情がむき出しになり、平常心を失って正しい判断ができなくなります。

②「愚痴をこぼせば」いつまでもこだわり、ブツブツ小言を言えば、聞く方も気分がよくない。人から言われたことに根を持って、恨み、愚痴をこぼし、こだわれば人間関係はうまくいかない。「こだわらない心」で「前向き指向」で考えれば、うまく行くはずです。

③人がうまくいっているからといって妬めば心が荒むだけです。なぜ、あいつだけが、とんとん拍子に昇任するのか、あいつは株で大儲けをした、親から莫大な財産を相続してよい暮らしをしている、といって人と比較して妬むようでは気が晴れないばかりか前進することはありません。人を妬むことなく自分は自分と割り切り、努力に努力を重ね

れば、必ず良い結果が生まれてくるはずです。

この三つを追放すれば他人に対して悪い印象を持たずにすみます。上司や友人から言われた一言でも、よく解釈するか、しないかで大きく異なります。自分に対し親切に言ってくれたのだと解釈するか、しないかで結果は大きく違ってきます、相手に対して根を持てば悪い印象だけが残ります。ものごとがうまく行かないからといって、ブツブツ小言を言い、愚痴をこぼせば人間関係はうまく行かず、悪い印象だけが残ります。人を妬めば、やはりよい印象は残りません。電車に乗り損ねたなら、「慌てることはない、ゆっくり行こうぜ〜」と新聞、雑誌を読みながら次を待てば、イライラすることもありません。この三つに向けて努力すると心は穏やかになり、いつも良いこととの印象が深く心に刻み付けられ、対人関係がより一層よくなります。そうはいっても私自身、完成された人間ではありませんので、いつも穏やかな気持でいられるわけではありません。ときには怒り、愚痴ることがあります。そのときは三毒追放を思い起こし、反省の気持を込めて気を鎮めることにしています。

直観力、意思決定、決断力は邪念があると正しく判断することができません。道理に適った判断は邪念のない心に存在するのです。経営者や若い世代で活躍している人で、朝晩、「般若心経」を唱える人が多いと聞きますが、人間形成を図るうえで得るところが大きいからではないかと思います。

先人の生き方に学ぶ

「著名で、高齢で、健康な人の生き方」には長年に亘り、培われた貴重な経験、勉学を通じて会得した多くのノウハウがあります。私は、ここから多くの教訓を学ぶように努めています。「ものの見方」、「考え方」、長寿のための「健康法」、努力の仕方、失敗、成功等、学ぶべき点が実に多いからです。

世界的に著名な経営学者、ピーター・ドラッカーは九五歳で他界しましたが、死ぬまで講義や著述に励み、活躍した方でした。ドラッカーの青年時代には人生の教師ともいうべき音楽家ヴェルディがいました。ヴェルディは、イタリアのオペラに作曲家で若いときから数多くの作品を作曲してきましたが、毎回作品が完成しても満足できず、今度こそ、いい作品を書いてみせるぞ、と一生をかけて努力し続けたそうです。八〇歳のとき「ファルスタッフ」を完成させ、ようやく満足した、という。この話しを聞いてドラッカーは、大変、感動したと自著で述べています。

人は、ともすると一つや二つ、ものごとが、うまく行くと、「やった～」と満足しがちです。生涯をかけ納得のゆくまで努力を続けたヴェルディの生き方にドラッカーは感激したのです。先達の生き方、考え方を学んだドラッカーもまた素晴らしい方だと思います。

三浦敬三さん、といえば世界的に有名なスキーヤーで山岳写真家でもありました。一〇一歳という長寿を全うされましたが、日常の健康管理、食生活に沢山のノウハウを持った方でした。名優　沢田正二郎は九八歳で他界しました。役者人生も度重なる劇団の危機を克服し、解散後もテレビに歌舞伎に一人芝居に、晩年まで跳躍し続けるしぶとさが身上だったそうです。八〇歳のとき「八十は老いの序の口冬落ち葉」の句を残していいます。

本多静六博士は林業の神様といわれた方ですが、人生の生き方についても多くの教訓を残しています。

才能は、天からの授かり物だが、
そのままだと未完成だから使い物にならない。
これを役立つように完成させるのが、「自分自身の力」だ。
本を沢山読み、人の話しをよく聞き、
そして自分の頭でしっかり考え、意志を働かせることが、
自分自身の力のすべてを思い切り駆使することになる。
脳と神経の鍛錬は、筋肉の鍛錬とまったく同じで、
「完全に使い切る」ことだけだ。

「本多静六のようになりたいならその秘訣を公開しよう」（本多静六、三笠書房）

ここでは、ほんの一例を紹介したに過ぎませんが、私は新聞、書籍等を通じて、世の中で活躍している自分より年上の方の人生観や生き方のノウハウを参考にしています。

信頼できる友人を持て

「非常時の友は真の友」といいます。飲み友達、競馬、競輪、マージャン等、遊び友達は沢山いても「真の友」となると少ないように思います。真の友とは向学心があり、打算的な駆け引きがない、見栄を張らない、誠実で嘘を言わない、困ったことがあれば利害を棄てて助けてくれる、真の友とは、このような人をいうのだと思います。

真でない友は、表向きは親しくても簡単に人を裏切ります。私は学生の頃、東京・杉並で一つの部屋を三人で借りて下宿したことがありました。

Aは九州男児で身体は逞しく、いつも笑顔を浮かべ、気さくで人付き合いのよい男でした。てっきり信頼できる友と思っていたのですが、実はそうではなかったのです。

Aは、当時、荻窪の駅前の大きな八百屋でアルバイトをしていました。野菜を買いに行くと笑顔を浮かべ応対してくれるのですが、困ったことに代金を支払うと品代よりも多くのつり銭をよこすのです。そこでAの店に買い物に行くのを止めました。

Aは店が終わると飲み屋に寄るらしく毎晩のように、深夜、タクシーで帰宅していました。アルバイトでは給料が少ないので飲み代、タクシー代がよく続くな、と思っていると、しばらくして店を辞めさせられました。Aは、夜間大学を受験する際に同室のTに、カエリ玉（本人が受験しないで他人があたかも本人であるかの如く受験する）を頼み合格しましたが、大学には殆んど行きませんでした。実家は九州・佐世保で、帰るときは金融業者から金を借りるのか手土産を沢山買い込んで夜行寝台列車で帰るのです、食堂車でビールを飲み、ビフテキを食べた話を聞かされました。Aは、間もなく下宿を去りました。三ヶ月が過ぎた頃、突然、私宛に、ある月賦販売店から背広を買った代金を支払え、との督促状が届きました。買った憶えがないので何かの間違いかと思い、店に出向くと確かに私の名義で購入していました。疑うのは悪いと思いましたがAの住所を突き止め、本人に確認すると「いや、すまん、すまん。つい、お前の名義を借りてしまった」と頭を掻きながら苦笑しました。

人は表面上の付き合いでは分からないことが多いのです。昔から善き友人を持つことの重要性について書かれた本は沢山ありますが、なかでも安政の大獄で惜しくも二六歳の若さで生涯を終えた幕末の先覚者、橋本左内は、「啓発録」の中で、「益友」について次のように述べています。

* その人物は厳格で意志が強く正しいか
* 温和で人情に厚く誠実か
* 勇気があり果断であるか
* 才智が冴えわたっているか
* 小事に拘泥せず度量が広いか

橋本左内は、

「こうした人物は、いずれも交際するうえでは気遣いが多く、世間の人からは甚だしく嫌われているものである。それとは反対に損友は、他人に諂《へつら》い媚《こ》び、気にいられるように阿ることを専らとし、小利口で落ち着きがなく、軽々しくいい加減な性質のものである。こうした人は、いずれもすぐに心安くなれるので、世間のつまらぬ人々がその才智や人柄を誉めるものであるが、聖賢豪傑《せいけんごうけつ》になろうと志すほどの人物は、友人を選ぶにあたって、彼らとは違った厳しい目を持たねばならない」

と述べています。

益友を持つには自らもまた相手にとって益友でなければなりません。互いに切磋琢磨しなければ相手に厭きられてしまうからです。互いに飽きられることのないように、日々の向上心が必要です。

趣味は心を豊かにする

花を見て「きれいだな〜」、美しい絵画を観て「素晴らしいなぁ〜」、音楽を聴いて「感動したなぁ〜」と感じる人は感性豊かな人だと思います。

魅力を感じる人は仕事一途ではなくて、情緒が豊かで包容力があります。武士は、命を賭けて試合や戦場に赴く一方で、茶を嗜《たしな》み、文芸に親しみ、歌を詠み、能を舞い、絵を描き、鑑賞する心を持っていました。人間としての悲哀、人生の空しさ、生きる悦び等、感性が豊かであったように思われます。

ストレスの多い現代社会では、とかく仕事に追われて人間関係もギスギスしがちです。ストレスを溜めずに心を豊かにするにはそれなりのノウハウが必要です。趣味は心を豊かにし、落ち着きを与えてくれます。「酒」、「ゴルフ」、「マージャン」、「カラオケ」等はストレスを解消してくれますが、できれば文芸に親しむと一層、心を豊かにしてくれます。人格や教養を高めるうえでも利点が多いと思います。

＊ 文芸とは、学問、芸術を意味する。芸術とは、一定の材料・技術・様式を駆使して美的価値を創造・表現しようとする人間の活動およびその所産。造形芸術（彫刻・絵画・建築等）・表情芸術（舞踊・演劇など）・音響芸術（音楽）・言語芸術（詩・小説・戯曲など）等をいう（広辞苑）。

私には誇れるほどの趣味はありませんが、強いて言えば、若いときから「カメラ」、「読書」が好きでした。消防署に併設する署長公舎に住むようになると、出場するサイレンの音、訓錬の騒音、夜中の火災出場、冠婚葬祭、消防団の行事等で、のんびり過ごせる休日といえば、月にせいぜい一～二度でした。知らず知らずのうちにストレスが溜まります。

そこでストレス解消のために、手始めに「泥鰌すくい」（安木節）でも習って、ヒョットコのお面を被り、小さな籠を腰につけ曲に合わせて踊れば、さぞかし楽しかろうと想像しました。しかし、どこに師匠がいるのか分からない。あるときワイフと子供を連れて、街のとんかつ屋に入りました。食事が終わり一服した頃、店の主人に聞きました。

私「あのう〜……この辺に〜、安木節を教えてくれる師匠はいませんか〜　どじょうすくいの踊りを習いたいのだが……」

店の主人「えっ！　お客さんが安木節を〜」間の抜けた声で私の顔を見詰めた。

私「勿論……私ですよ〜」

店の主人「いや〜安木節だったら、これですよ〜、これ！　これをおやりなさいよ〜」と後ろの壁に掲げてある分厚い木彫を指差した。そこには「歌沢名取」と書いてありました。

店の主人「お客さんはタッパが高いんでねぇ〜（背が高い）、そう言っちゃ〜なんだが〜小柄な人でないと安木節は似合いませんよ〜　習い事するのなら絶対、「歌沢」ですよ、知っていますう〜歌沢ってんの〜……？」

正直いって歌沢は初めて聞く言葉でした。

店の主人「簡単にいえば、小唄の親戚みたいなもんでね、小唄よりかなり難しいが、しかしやってみると、これほどいいものはありませんよ〜。この先の○○マンションの五階に美人の師匠がいるんでね。習う、習わないは別として、一度、冷やかしでいいから行って覗いてごらんなさいよ〜、電話をしておくからさ〜」。

かなり強引だった。美人の師匠と聞いて、数日後、出掛けることにしました。

師匠は金沢の出身で四〇過ぎの小柄な色白の女性で、三味線を弾きながら歌沢を披露してくれました。ここで歌沢を三年ばかり習い、「大江山」、「高砂」、「江戸の苗売り」「玉川」等、お祝いの歌、色恋の唄等教えてもらったが、江戸時代から継承されてきた古典であるだけにとても難しかったが、楽しいことも多かった。

正月になると弟子達は、それぞれの師匠に連れられて、浅草にある吉原の花魁道中で有名な松葉屋（現在はない）に集まる。師匠の三味線で弟子達が皆の前で披露するのです。終わると酒を酌み交わし、和やかに食事をする。獅子舞も出て笛や太鼓で場が盛り上がり、やがてお開きとなるのです。

苦労をしながら三年掛けて習い覚えた歌沢でしたが辞めました。理由は披露する場がなかったからです。当時、小唄は庶民的で習う人が結構多かったのですが、歌沢は技巧的で難しく、若い人で習う人はほとんどいませんでした。宴席ではペンペンと三味線を鳴らしながら、「お兄さん、お一ついかが」と寄ってくる芸者さんに「歌沢」、と言うと慌てて後ずさりされてしまうのです。家で風呂に入り奇声を張り上げていると、子供達は気味悪がって寄り付かない。カラオケとは雲泥の差があり、外で披露する場がないと意欲も減退し、先行きに不安を感じて辞めました。

そこでカメラに転向し、日本山岳写真協会に入れて貰い、写真を撮ることにしました。いろいろな職場で仕事をしてきたアマチュアやプロの写真家と知り合い、自然に接し、酒を飲み、語る機会が多くなりました。大自然の中で高い山から下界を眺めていると、ゴマ粒のような街の一隅で、どうでもいいような問題に口角、泡を飛ばして議論している姿を想い浮かべると、人間社会の詰まらない小さな出来事が実にバカバカしく感じます。

自然界を相手に、どこをどう切り取るか、素早く撮るべきポイントや構図を決め、意思決定を（シャッターを切る）することは、仕事をするうえで役に立ちます。マクロにミクロにものごとを捉え、重要なポイントを掴んで手順よく、素早く意思決定することは、仕事のうえでプラスになりました。写真に限らず、何でもよいから、趣味を持ち、追求してみることはとても大事なことです。そこに新たな世界を発見することができるからです。

第七章　渋沢榮一の『訓言集』に学ぶ

渋沢栄一は、幼少の頃から儒教を学び、幕末から明治維新にかけて尊皇攘夷論者として命を懸けて活躍した方で、徳川慶喜公に仕え、明治政府（大蔵省）の高官となり、後に実業界に転じ、多くの事業を手掛け、教育界への支援、社会福祉事業等、日本の近代化の発展に大きな力を尽くされました。

城山三郎は、「打たれ強く生きる」という著書のなかで『わたくしは渋沢を「雄気堂々」で描いた縁でいうのではない。慈善事業から企業に至るまで、近代日本の枠組はほとんど渋沢栄一の力を借りている、といってよい。（略）九十一年のその生涯には何度か危機というか逆境があった。そこを克服したのは、何よりも彼の人一倍旺盛な知的好奇心のせいであった。』（「打たれ強く生きる」、p・42　城山三郎、新潮文庫）と述べています。

渋沢栄一は、四書五経を学び、多くの著書を残しています。なかでも「青淵回顧録」（上・下）、「渋沢栄一訓言集」は、現代社会に生きる私達に学ぶべき貴重な教訓を数多く残しています。私が敬愛する最大の理由は、学者の机上の理論ではなく、大学で学んだわけでもなく、欧米を見聞し、公職に就き、多くの事業を手掛けると共に福祉、教育等、広い分野で数多くの功績を残されたことです。消防との関わりについては、あまり知られていませんが、明治四四年、帝都消防の現状が他の行政施設と比べ発展の跡が少ないのを憂慮した当時の警視庁消防部長　高野多助は、消防の充実強化を図るため意見書を出しました。これが認められ、従来の組織を財団法人化し、初代会長に渋沢榮一子爵が就任され、多くの知名士に呼びかけて消防基金を集め、充実強化に貢献しました。

ここでは「渋沢榮一訓言集」から、その一部を抜粋し、私なりの考えを付記させて頂きました。現代社会のものの見方、考え方とは、必ずしも一致するわけではありませんが、多くの訓言には、今も変らぬ人間としてのあるべき姿を伝えています。渋沢榮一は雅号を「青淵」と称した関係で、以下、青淵先生と呼称させて頂くことにしました。

㈡　○は原文、見出し・配列の順序・コメントは筆者による。

教育について

○　すべて教育は、その原則として知恵の進歩をはかると同時にその人格の養成に努むべきである。

青淵先生は、教育は「知恵の進歩」に努めると共に、「人格の養成」に努めることが大事だ、と述べています。このことは今の時代においても重要です。明治以降、欧米文明の導入に伴い、知識・技術の進歩が最優先され、人格の養成が軽視されてきたように思われます。戦後は、一変して民主主義国家になりましたが、人間教育（倫理・道徳教育）は疎かにされ、もっぱら知識・技術の進歩に力点が置かれ、偏差値教育、競争心、拝金主義が先行し、吐き違えた自由主義、個人主義が蔓延し、人間教育が軽んじられてきました。

一部の人とはいえ、社会の指導的立場にある政治家、官僚、教育者、企業経営者のモラルは低下し、事件、不祥事が日常茶飯事化している現状は誠に情けない限りです。

このような現状を少しでも改善するには、青淵先生が述べている「人格」と「知識・技術の進歩」は、車の両輪の如く機能させることが重要です。

現代社会が抱える多くの悩みや社会問題は、一朝一夕にして改善できる問題ではありませんが、「教育百年」と言われるように人間教育は、半年、一年で達成できるものでもありません。遅々とした歩みでも、指導的な立場にある者は率先垂範して自らを律し、人格の形成に努め、部下指導にあたることが必要と考えます。

知識・技術や資格取得に力を入れることは勿論、大事なことではありますが、知識、技能に偏ることなく人間教育を重視した職場教育・自己啓発が必要です。

学問とは

○ 学問とは読書ばかりを言うのではない。実際の事物に当たりて事を処理するのが学問の本義である。
○ 学問のない人のなす仕事は、活発なようでも、とかく順序が乱れて規則的に進行せぬものである。
○ 人は何事も楽しんで勉強するがよい。これが第一の摂生法である。

青淵先生は、「学問とは、読書をすることだけを言うのではない、実際に物事を処理するのが学問の本来的な意味だ」と述べています、学問がない人の仕事は、きびきびと処理しているかに見えても手順が乱れ、規則正しく仕事が進まないものである。学問は辛いものと考えないで楽しんで行うのが何よりの健康法だ、と述べています。

学問というと、とかく机に向かって本を読むといった堅苦しく拘束されるイメージを持ち易い。幼いときから学問せよ、勉強せよと親や教師から言われてきた関係で、学問というと楽しいものではなく、我慢や忍耐を強いられるものといった感じが強いのです。青淵先生は、勉強は楽しみながら行うことが健康に良いと述べています。このことは大変重要なことです。最近、小・中学・高校教育において、楽しく、興味と関心を持たせる教育を取り入れるところが増えてきました。消防教育においても規律や形式を重んじることは必要ですが、一方的な詰め込み教育、緊張感だけを強いる教育は効果が上がりません。「実務と理論」、「興味と関心」を持たせる教育訓練手法を取り入れる必要があると私は思います。

＊　学問の本来的な意味は、勉学すること、学芸を修めること、一定の理論に基づいて体系化された知識、方法、哲学、史学、文学、社会科学、自然科学等を総称する。

学問と経験

○学問によらぬ実地の経験には合理的な根拠がないから、心理の絶対を保証することはできない。経験のみ金科玉条として学問を粗略に考えるのは不心得である。もちろん経験も一種の実際的学問で尊ぶべきものには相違ないが、しかし経験はとかく応用の範囲は狭く、合理的根拠を有せぬものである。

青淵先生は、学問をしないで実務を経験するだけでは合理的な根拠がないので、心理の絶対を保証することはできない。経験だけを金科玉条（絶対的なものとして守らなければならないもの）として学問を疎かにする考えは、心掛けのよくない人である。経験も実務上の学問として尊重しなければならないが、経験だけでは応用の範囲が狭く、合理的な根拠がない、と述べています。

学問は理論や理屈だけを学んでみても実務には役立ちません。消防の社会に入った当時は「理屈だけでは火は消えない」とよく聞かされました、学問は実務には役立たないといった考えが根強くあったものと思われます。経験だけを重視するようでは物事の進歩発展には結びつきません。経験と学問が結びつくことで、初めて、ものごとの改善や進歩・発展に繋がるのです。日常、決められた事務処理、消防活動を何千回、何万回繰り返しても、単なる経験の積み重ねにしか過ぎないのです。経験を活かすには、広く学ぶ（学問）ことです。欧米の経営理論の多くは現場主義の考えに立って実体験を通じて研究し、理論の構築、原理原則を打ち立てています。消防の進歩・発展は、経験だけでは前進しないことは明白です。経験と学問を結びつけながら併せた学問することが重要です。

学問と実務

○ 学問すなわち実務、実務すなわち学問である。学校で学ぶ学問はのちに学ぶ実務の下拵えである。ゆえに人は死ぬまで学問と考えなくてはならない。［略］学問は、実務を助けるから必要なので、学問と実務とは、終始　離るべからざるものとして、生涯講習しなければならない。

青淵先生は、「学問は実務であり」、「実務は学問である」、学校で学ぶ学問は卒業して実社会で仕事をするうえでの下準備である。故に人は死ぬまで学問を続ける考えを持たなければいけない。また、学問は実務を助けるから必要なので、学問と実務は互いに密接な関係があり、学問は生涯を通して習得に努める必要があると述べています。

日本の学校教育は実務と乖離《かいり》し、学校教育は実務に役に立たないといった考えがあります。消防学校教育は職業教育の一環として行われますが、ともすると実務と遊離し、学校独自の判断、形式、精神的な面に力点が置かれやすい傾向がみられます、現場のニーズをしっかりと把握し、教育目標点を明確にして行うことが重要と考えます。ともすると理論や理屈を抜きにして、がむしゃらに形だけを教え、元気の良さ、規律、精神的な面を強調するだけでは教育効果は上がりません。

作業や労力を使うにしても、どうすれば無駄なエネルギーを消耗することなく、能率的で合理的な作業を行うことができるか、実務と学問（理論）との関係をよく考えて行う必要があります。生涯教育のあり方、自己啓発のあり方等について考え、部下指導を行うことが必要です。

勉強と習慣

○勉強を習慣とすれば、必ず勉強せざるを得ないようになる。怠情を習慣とすれば、怠情はさらに怠情を生ずるに至る。およそ怠情ほど悪癖を生じ易いものはない。坐っていれば、膝がくたびれる。寝れば背が痛くなるけれども勇を鼓して働く気にはなれない。少しくらい風邪の気味で、くさめが出ても、それを押して務めると、知らず識らず好い心地になって、いつしか風邪もさっぱりしてしまうものである。これは余がしばしば実験した所である。

青淵先生は、「勉強をする習慣をつければ勉強をしなくてはいられなくなる。怠ける習慣をつけると次第に怠け癖がつく、怠けることほど悪癖が生じやすいものはない。坐っていれば膝が疲れる、寝ていれば背中が痛くなるので勇気をもって働こうとはしない。

少々、風邪気味で、くしゃみが出ても大事をとらず、多少無理をしてでもしっかりやれば、やがて気分もよくなって、いつしか風邪もサッパリするものだ。このことは私がしばしば実験した結果からも言えることだ」と述べています。

文明の発展に伴い、私達は日々、快適な生活ができる時代になりましたが、一方において、粘り、踏ん張り、頑張りの精神が無くなり、少々、体調がよくないと我慢ができず大事を取りがちです。風邪を引いて頭が重い、くしゃみがでる、腰が痛い、歯が痛い。人間、生身である以上、常にベストコンディションを維持することは難しいのです。青淵先生が述べているように多少の苦痛は我慢して頑張る精神が何よりも重要です。

修養とは

○修養は、知識よりむしろ徳行をもって本旨となす。まず人を立てて後に己が立つ心掛けがなければならない。

○　総じて修養は、細工人形を造るようなものではない。己の良心を増進し、己の本能を発揚するものである。ゆえに修養を積めば積むほど、その人は、事に当たり物に接して、是非善悪が明瞭になって来るから、取捨進退に惑わず、決裁流るる、がごとくになるものである。

○　咄嗟の事変に処するには、あらかじめ、これに処する修養を積まねばならない。

青淵先生は、修養（精神を練磨し、優れた人格を形成するように努めること）は、「知識」より「徳行」が本来の趣旨とすべきで、まず人を立て、次に自分を立てるように心掛けなければいけない。一般に修養は、手先を使って人形を作るようなわけにはいかない。自ら良心を高め、持てる本能を大いに奮い起こすことだ。修養を積めば積むほどその人は物事に対し是非善悪が明確になる、いずれを選択するかという場合でも、迷うことなく物事の決断は流れる如く迅速に行うことができる。また咄嗟《とっさ》の事変に対処するには、不時に備えて平素から修養に努める必要があると述べています。

青淵先生は知識だけが偏重することがないように、徳行を重視し、人を立てることが大事だと述べています。現代社会は、ともすると自分の権利や言い分を主張し、人を蔑《ないがし》ろにしがちです。職場の人間関係においても同じで、先づ相手を立てることです。物事の是々非々に対する判断、予想しない突発的事態に際し、冷静沈着に状況を判断して意思決定を行うには、平素から理論と実践を通じて研究し、訓練に励み、精神力や忍耐力を養うことが大事です。

全き人とは

○　全き人とは、機敏なる知恵、敦厚《とんこう》なる情愛、強固なる意志、この三者が揃わなければ全き人とは言われない。

青淵先生は、「全き人」とは、①機敏なる知恵、②敦厚なる情愛、③強固なる意志、を備えた人をいう、と述べています。

①「機敏なる知恵」とは、困難な問題に直面したとき、他から難題を持ちかけられたとき、問題をどのように解決し処理したらよいか、迅速に知恵を働かせ、解決の糸口を見出すことをいいます。

②「敦厚《とんこう》」なる情愛とは、人間として人情に厚いことを意味します。

③「強固なる意志」とは、信念を持って物事に対処することをいいます。

青淵先生がいう「全き人」とは、読んで理解することができても、実践して身につけるには容易ではありません。知恵があっても機敏に知恵を働かせなければならない、となるとそれなりに素早くものごとの本質、問題点を把握して、問題の解決を図る必要があります。知恵を出して判断し意思決定をするのですから、それなりに訓錬が必要です。情愛についても同じです。情愛を示すことは可能ですが、厚い情愛、となると容易にできるものではありません。形式的な口先だけの情愛になってはいないか、心の通じる情愛、心から感謝をしてもらえる情愛のあり方を研究してみる必要があります。だれでも目的を持てば、目的に向かって努力をしようとする意志が働きますが、意志が薄弱ですと三日坊主で継続できず途中で放棄してしまいます。良い仕事を目指し、価値ある仕事、人格の向上を図るには強い意志が必要です。

思いやりの精神

○　人は尊卑を通じて、同情心がなくてはならない。しからざれば人にして人ではない。同情心というものは、すなわち思いやりの強い心である。

青淵先生は、人は身分の高い低いに関係なく、同情心がなくてはならない。同情心のない人は人ではない、同情心とは思いやりのある強い心を言う、と述べています。組織の上に立つ者は、常に思いやりの精神が必要です。部下を叱るときには、思いやりのある気持で接すれば心の絆を保つことができます。

「思いやりの気持がなくてはいけない」と口に出して言うのは簡単ですが、友人、知人には思いやりの心を持つことができても、見知らぬ人に対しては、とかく忘れがちです。

奥多摩渓谷にある「ままごと屋」という野外のガーデンハウスで食事をしていたときの

ことです。隣のテーブルに中高年の男女六人が大きな声で笑い興じながら雑談していました。

仲間の一人（男性）が周囲に気を遣ったのか、「あまり大きな声で騒ぐと、来るときに乗ったバスの運転手のように注意されるよ！」と言いました。すると、甲高い声を出して喋りまくる中年の女性が、「何を言っているのよ、あのバスの運転手！　人が折角、楽しく話しをしているのにさ、客から「うるさいので注意をしてくれ」、と言われて、我々に注意するなんて、どうかしている！」と吐き棄てるように言いました。するともう一人の仲間の男性が「俺だってうるさければ注意するよ～」と言いました。すると女性は、面子を潰されたと感じたのか、一層、声を荒立て「何を言っているのよ！　あんた～」と、ますます大きな声を張り上げるので、相手の男性は黙ってしまいました。自分の甲高い大きなキンキン声が、周囲の人びとにどんなに迷惑を与えているのか、その女性は気が付かないのです。紅梅が咲き誇る早春の渓谷、長い吊り橋、時折、黄色いヘルメットを被った若者がカヌーを操りながら滑るように下って行く。辺りの風景を眺めながら、ちびりちびりと酒を飲む人もいる、俳句の同好会かメモを取りながら考えごとをしている人、若いカップルや老夫婦がそれぞれ食事を楽しんでいる。周囲の人びとを一切、気にせず、大きな声でゲラゲラ笑い、我がもの顔で話しをするこの女性に周囲はさぞ、迷惑したでしょう。人に対する思いやりの気持が大切です。

才能と人の道

○ 人は才能や力量ばかりでは永く人を心服せしむることはできない。人に忍びざる心ありて、同情に富む人がよく人に懐かれて永久に尊敬せられるのである。

○ 才智が優れて、機敏に立ち回る者は、ややもすれば人の踏むべき道を踏み外して横みちに走り易い。

人は才能や力量（ものごとを成し遂げる能力の程度）だけでは、人の心に末永く敬愛の気持を抱かせることはできない、人に忍びざる心（人目を避けて目立たぬようにひそかに支援し同情する心）があって始めて人の心を惹きつけ、懐かれ、尊敬されるのである。また、才智（才能と知恵）に優れ、機敏に立ち回る人は、とかく人の道を踏み外して横道にそれ易い、と述べています。

頭脳明晰で仕事がよくできるだけでは人の心を捉えることはできません。同情心、心遣い、優しさ、が必要です。青淵先生は、「人に忍びざる心」があって、はじめて人の心を惹きつける事ができるのだ、と述べています。忍びざる心とは、これ見よがしではなく、人目を避けて密かに同情心を持ち、支援することを意味します。ところが、ややもすると人の面前で部下に注意を与え、これ見よがしに親切心を示し、援助する人がいますが、黙って、さりげなく親切心を施してくれるほど、有難く感じるものはないのです。ものごとを良く知り機敏に行動する人がいますが、こういう人は過信して失敗しやすいので、注意が必要です。幹部として傲慢にならず、親切心をむき出しにせず、部下の面子が立つように、さりげなく人目につかないところで支援する謙虚な態度や思いやりが必要です。私は、若い頃は仕事一筋でしたから、才能や能力に優れ、仕事ができればそれでよし、としてきました。青淵先生のいう「忍びざる心」に欠けていたと自省しています。

謝恩のない者は

○　謝恩の念なき者は、禽獣にひとしき者である。他人に恩を受けながら、これを恩とも思わず朋友に厄介をかけながら、その厚情を忘れるがごときは、人として誠に恥ずべきことである。

他人から受けた恩に対し、感謝の気持を表すことのできない人は鳥や獣と同じだ、と青淵先生は述べています。

謝恩とは、「相手から受けた有難い行為や恵み、慈しみ、に対し感謝すること」をいいます。最近、謝恩とか謝恩会といった用語はほとんど聞かなくなりましたが、昔は、卒業式で、「仰げば〜、尊し〜我が師の恩」を歌い、涙を流したものです。今は、一部の生徒とはいえ、先生のことを「先公！」と呼び棄てにします。先生と生徒との関係も師弟の愛、恩愛といったことが忘れ去られる社会になりました。学校教育だけではなく親子、友人、職場においても上司、先輩、知人から世話になっても当たり前と考え、感謝や恩義を感じない人が増えました。

上司と部下との関係においても謝恩の気持は大事です。なにかと世話になった上司に対する感謝の気持、部下が何かと気を遣ってくれることへの感謝は、ともすると当たり前、と考えやすいのです。心で感謝しても、言葉として伝えなければ相手には通じません。

現代社会は、ともすると忙しい、時間がない、を口実に人の心を深く察して感謝の気持を持とうとはしません、ものごとが円滑に機能するのは自分一人の力ではない、多くの部下、同僚、上司の支え、家庭の支えがあるからだと考え、常に謝恩の気持を持つことが大事だと思います。

足るを知り、分を守る

○「足ルコトヲ知リ分ヲ守ル」心がないと、始終不足の観念が絶えない。

○人の欲望には際限なく、一を得れば二を求め、二を得れば三を望む。この欲望に駆られると不平不満は胸中を去ることなく一生涯苦のみに終わるのである。されa

ば、「足る、を知り、分を守る」ことが肝要で、際限なき欲を追うことなく、不満の情をも慰むることができるだろう。

○　人は、精神的に満ちていれば、物質的に欠くるところがあっても人生の慰安は得られるものである。

○　足る、を知り、分を守るとは、活動を止めるというにあらず、人生の進取的目的にたいしては、不断の欲望を持たねばならない。

「足る、を知り、分を守る心がないと不満が絶えません。際限のない欲望がある限り、生涯苦しみながら生活することになる。足る、を知り、分を守り、限りなく欲を追わないようにすれば不満の気持はなくなるであろう。人は精神的に満足していれば、物質的に欠けるところがあっても人生において心の安らぎを得ることができる。「足る、を知り、分を守る」ことは、人生において一切の活動をするな、という意味ではない、人生においてやるべきことはチャレンジ精神（進取性）を持ち、絶えざる意欲を持って努力しなければいけない、と青淵先生は述べています。

人間は欲が無くなれば死ぬときだと言います。人間は欲があるから仕事に励み行動するのです。しかし、人間の欲も度を越せば道義に反する行為を行い失敗します。最近、テレビ、新聞等で報道される事件や不祥事。例えば、金融取引、談合、収賄、賄賂、男女の関係等、事件は皆、人間の欲望から端を発しています。

欲のない人間はいませんが、「足る」を知ることは大事なことです。欲をコントロールするには、心の満足や幸福感をどう持つかによって大きく違ってきます。

お金はいくらあっても欲しいと思うのが人情です。しかし、お金や財産を増やすことばかり考えず、青淵先生が言われるように精神的に富むことが大事です。お金や財産があっても精神が貧しければ不幸をもたらします。何事も度を越す欲望を抑え、分をわきまえる必要があります。

理想と趣味

○ およそ人は、理想と趣味とを持つことが必要である。

○ およそ目的には理想が伴わねばならない。その理想を実現するのが人の務めである。風のまにまに揺られて定見も操行もないのは、処世のよろしきを得たものとは言われない。

人は理想と趣味を持つ必要がある、およそ目的には理想が伴わなければいけない、理想を実現するのが人の努めである。風のまにまに揺られて、しっかりとした考えがなく、日々の行いがよくないようでは、世の中を渡って行くことができない、と青淵先生は、述べています。

理想とは「未だ現実には存在しないが、実現可能なものとして行為の目的であり、その意味で行為の起動力」を意味します。単なる夢の話しではありません。理想をどのように実現するかが人としての努めだと述べています。

現代社会は忙しさのあまり、とかく目先のことに追われ、理想を持つことなく、対症療法的にものごとを処理しがちです、目的に理想が伴っているか、理想を実現するために努力をしているか、よく考えてみることです。

青淵先生は、「趣味」を持て、と言います。趣味とは、楽しみとしている事柄、物事の面白みや趣を味わえる感覚、美的な感覚・美的判断力の一つを意味します。趣味を持つことで人は感性を高め、視野を広めて人間味を養うことができます。「仕事が趣味」、「酒を飲むことが趣味」では人間性を高めることは難しいと思います。

青淵先生は、しっかりとした考えを持ち、道徳に反することのない日々の生活のあり方に努めよ、と注意を促していますが、大事なことだと思います。

処遇と責任

○ 社会からよき待遇を受ければ、それだけ己の責任を自覚しなければならない。

「社会（組織から）からそれ相当の処遇を受ければ、それなりの責任を果たさなければいけない」と青淵先生は述べています。当然なことですが、人はとかくポストや報酬等に対し、不満を持ちやすいものです。他との比較や過去の処遇が良かった時代を回顧して、「昔の管理職は良かったな。今の管理職は惨めだ、何の魅力も無い」といった不満を聞くことがあります。バブル経済が崩壊する以前は給与や退職金も高かった、公舎、公用車を使う、宴会に出る、にしてもマスコミや市民が目くじらをたてることは、ほとんどありませんでしたが、最近、行政に対するマスコミや市民の目は厳しくなりました。市民は政治や行政のあり方に強い関心を持ち、批判する目を持つようになったのです。権利意識が向上した結果であって喜ぶべき現象と言えるでしょう。市民意識が低かった時代は、政治家や行政に携わる者の独自の判断、匙加減一つで何でもできました。ところが最近は政治家や官僚の相次ぐ不祥事に国民の不信感が高まり、政治や行政に対する不信を招いています。このような客観情勢について、よく考えてみる必要があります。

処遇に不満を持てば仕事はとかく疎かになり、無責任になります。仕事に対する意欲や情熱もなくなります。いつの時代においても、それなりの処遇を受ければ自覚を持って責任を果たすのが幹部の努めだと思います。

権利と義務

○ 人は常に権利と義務との分界を明瞭にして踏み違えぬようにせねばならない。権利があれば、その隣りには必ず義務がある。権利と義務は、常に相関連して並行するものであるから、権利の増すほど、義務もまた多くなるものである。

しかるに権利は喜んで己のものとしながら、これに伴う義務を顧みない者がある。権利はまず行使して置きながら、これに伴う義務を顧みない者がある。権利はまず行使しておきながら、さて義務という場合になって、これをまぬがれんとするのは不道徳の至りである。

人は常に権利と義務の領域を明確にし、踏み違うことのないようにしなければいけない。権利があれば必ず義務がある、権利と義務は相関関係にあって並行するものである。

権利が増せば増すほど、それだけ義務も増える。ところが、己の権利は喜んで自分のものにするが、これに伴う義務となると疎かにする者がいる。権利を行使しながら義務を免れようとするのは不道徳である、と青淵先生は述べています。

権利があれば義務が伴うのは、いつの時代においても同じです。人は権利を持てば権利の行使だけを念頭に置いて、果たすべき義務を疎かにしがちです。誤った自由主義、個人主義は、権利だけを主張し、自ら果たすべき義務を疎かにしがちです。政治家や公務員の汚職事件が相次いで起こり、政治や行政に対する国民不信は著しいものがあります。権限を持てば、それなりに誠意を持ってものごとを処理する義務があります。国民は、政治・行政が悪いと批判しますが、そう言う国民も選挙を棄権するようでは一票を行使する権利を有しながら義務を果たさないことになります。職務上の権限と義務との関係についてよく理解することが大事です。

明快なる決断は、安心立命から

○非凡明快なる決断は安心立命から生ずるものである。人は胸中に確乎たる安心立命がなければ事変に遭遇か、または厄難に出遭うときは、たちまち、その態度を乱して周章狼狽するものである。

○余の安心立命は、論語すなわち仁義道徳である。これ実に余の守本尊で終身かわらざる金科玉条である。運命とか僥倖とかいう道理以外の禍福は、余のごうも心に関せざるものである。

「優れた明快な決断は、安心立命《あんじんりゅうめい》から生じる、人は心に、確乎たる安心立命がないと天災等、突発的な事変や災難に出会うと、たちまち心を取り乱し、慌てふためき、うろたえることになる。私の「安心立命」は、論語、即ち「仁義道徳」である。これは私の守り本尊であって、終身変わることはない。運命とか僥倖《ぎょうこう》という道理以外の禍福は、私は一切、関知しないことだ」、と青淵先生は述べています。

＊「仁義」とは、儒教では、道徳の根本となる「仁」（思いやりの心）と「義」（人の踏み行うべき道）を意味する。

＊「運命」とは、人間の意志に係りなく身の上にめぐってくる吉凶禍福。それをもたらす人間の力を超えた作用。人生は天の命によって支配されているという思想に基づく。

＊「僥倖」とは、偶然の幸運、思いがけない幸せをいう。

＊「安心」とは、仏教で仏に帰依して心を動かさないこと、「立命」とは、儒教では「天命に任せて動じないこと」をいう。

人間は本来、弱い存在です。人はともすると幸せや不幸を運命論的に判断し、偶然性に支配されやすいものです。心の安寧を得ようと宗教を信じる人がいますが、「地獄、極楽（天国）を始め、先祖の供養が足りないので不幸や、悪い因縁にとり憑《つ》かれている」、と言われ、宗教に惑わされる人が少なくありません。

青淵先生は、「運命」とか「偶然の幸運」に左右されないようにするには、仁義道徳に徹することが大事だと述べています。
幹部になると、仕事や家庭生活、対人関係等、いろいろな問題に遭遇し、迷うことがあります。何を信じてよいか判断できなくなることがあります。このようなとき、精神の拠りどころになるものが必要です。最近は、いかがわしい宗教の勧誘が少なくありません。いかがわしい新興宗教に入って貴重な時間を費やし、金品を奉仕することのないように注意が肝心です。

時間の大切さ

○　人の一生に疎かにしてよいという時はない。一分一秒といえども貴重の時間たるに相違ないが、その中でも余は晩年がもっとも大切であると思う。若いときに欠点があった人でも、晩年が美しければ、その人の価値は上がるものである。

青淵先生は、人生において疎かにしてよい時間はない。一分一秒たりとも貴重な時間であることに変わりはない。とりわけ、私は晩年がもっとも大切であると思う。若いときに失敗（無駄な時間を浪費）した人でも、晩年に充実した生活を送れば、その人の価値は上がるのだと述べています。

充実した人生を送るには時間を有効に活用すべきです。若いときは、時間は湯水のごとくあると考え、時間を浪費しがちです。時間を有効に使う習慣づけが、何よりも重要です。

三世代の絆

○ 世の中の事物は、すべて新旧の調和を計って行かねばならない。人生は仏説のごとく三世を具えている。老人は過去を説き、青年は未来の理想を夢み、中年の人は、現世に心つくす。ゆえに新旧の調和、三世の融合、相俟って、おのおのその本能をつくすようにありたいものである。

世の中の事物は、すべて新旧の調和を計る必要がある、人生は仏が説いた教えのように、三世を具えている。老人は過去を説き、青年は未来の理想を夢み、中年は、現世に心を尽くす。そうすることによって、新旧の調和、三世代の融合とあいまって、それぞれの本能（生まれつき持っている性質、能力）を尽くすようにしたいものだ、と述べています。

世代相互の絆は、いずれの職場、家庭、消防の社会においても、大事なことです。

作家、福田和也は、「魂の昭和史」の中で三世代の重要性について、次のように述べています。


「今生きている若い世代と老いた世代、あるいはさらにもう死んでしまった世代が結ばれているんだ。そのつながりをしっかりと感じとること、魂の、一番核心のところで、つかまえること。それが歴史なんだ。

歴史を学ぶということなんだよ。だから歴史のもっとも大事なことは、共感ということだ。（略）自分につながる、今、ここで生きている自分にとって他人ごとではない事柄として、過去を振り返り、その実感のなかで、前の世代との絆を確認すること。そして、その絆のなかで、君たちの先人たちが何をのぞみ、そして成功したり、失敗したということを理解しようとこころみてほしい。そうすれば、君たちが生きている現在という時間が、決して薄っぺらなものではないことがわかるだろう。見えてくる風景が全く変わるよ。」

（福田和也、「魂の昭和史」P・12　小学館）

最近、「消防一家」という言葉は、あまり聞くことがなくなりました。消防一家の意味は、消防の社会はいわば家族のようなもので、過酷な災害に立ち向かうには、平素から互いに力となり、助け合い、協力し合うことで強い団結心、強い絆を保つことができる。「一家」の意味は、義理・人情の世界といった意味も含まれているものと思われます。

核家族化が進むに伴い、家族や隣保共助の精神が希薄化していきます。個人主義、平等主義の考えが進むに伴い、先輩・後輩の意識は薄れ、世代相互の絆が弱くなりがちです。

消防学校の事例研究では、「最近の若者は、職場の中で、いつも若者同士で話しをしている、積極的に監督者とコミュニケーションを図ろうとしない、どうすればよいか、」といった質問を受けることがあります。そこで私は「あなた方が消防士であった当時のことを思い起こしてください、進んで監督者とコミュニケーションを図ろうとしましたか?」「階級社会の特質として階級と階級との間に見えない壁を作ってはいませんか?」と問い返します。むしろ管理・監督者の方から、若者に積極的に声を掛け、話しをする努力が必要です。世代間の絆は、いつの時代においても、それぞれの時代を生きてきた人びとが持つ知恵や技術を次の世代にどう継承していくかが重要です。

価値ある一生を送るには

○　事物の成敗利鈍の外に毅然として道理に則って一身を終始するならば、価値ある一生を送る人ということができる。

青淵先生は、「ものごとが「成功したか」、「失敗したか」、「利益を得たか」、「損したか」に捉われないで、毅然《きぜん》（意志が強く、物事に動じないこと）として、道理（人としての正しい道）に沿って一身を奉じれば、価値ある人生を送ることができる」と述べています。

人はとかく、日々の仕事に追われ、目先のことに一喜一憂し、喜び、嘆き悲しみ、時には孤独を感じながら生きています。目先のことは意味がありません。青淵先生は、常に道理に適った考えで行動し、必要に応じて周囲に気を遣えば、いたずらに振り回されることはない。道理に沿って行動すれば、後は割り切る他はない、と述べています。いろいろと悩みごとがあっても割り切ることが大事です。

世の中は、すべて道理に基づいて成り立ってはいない、と考えることの方が理解しやすいと私は思います。では理に反した生き方をすればいいのかというと、決してそうではありません。理に反した生き方をすれば、世の中はますます息苦しくなり、秩序が乱れて人を不幸にしてしまいます。青淵先生の言う、常に道理に適った生き方こそ、価値ある人生を送ることができると思います。

悪事を為さないだけでは意味がない

○ ただ悪い事をせぬというのみにては、世にありて、何の効能もない。ゆえに人は善いことを多くせねばならない。しかし知識の進歩を妨げると、善時を行なう事も鈍りて、ただ悪事をせぬという消極的人間になってしまう。

「悪いことができないような人間は、よい仕事もできない」、という意味ではありません。この世に生を享《う》けながら、ただ悪いことをしないだけで生きているのでは、何の役にも立たない、世のため人のために善いことは、どしどし実践しなさい、知識の進歩に努めないと善いことをしようとする気力は失せ、「悪いことはしない」だけで、可もなく不可もないようでは、ますます消極的な人間になってしまう、と述べています。

職場には、可もなく不可もなし、といったタイプの幹部を見かけることがあります。「ただ善良なだけでは、人を傷つける」場合があります。善良であることは人としての必須の要件ですが、いくら善良な亭主でも毎日、ぶらぶらして遊んでいれは、家族を不幸にしてしまいます。悪を為さず、ただ善良なだけ、では何の役にも立たない、ということです。青淵先生がいう世のため人のために、善い事を実践することが何よりも大切です。

金銭に対する考え方

○金銭は、生活上、極めて価値あり、もっとも尊ぶべきものである。ゆえに一厘一毛の微といえども、みだりに取捨してはならない。余は道にあらざれば決して取らず、また決してこれを散ずることはしない。

金銭は、生活をするうえで価値のある尊いものである。であるから、一厘一毛たりとも、みだりにお金を受けたり、与えたりしてはいけない。私（青淵先生）は、道理に合わないお金は決して受け取らないし、与えたりはしないと述べています。

あえて繰り返しますが、現代社会は、政治家、官僚（公務員）、経営者等が金銭問題で犯罪やトラブルを起こしています。理不尽な金銭授受は、とかく間違いを起こす原因となります。職場には本の印税、物資の斡旋、自動販売機等、マージンを生じやすいものがあります。金銭出納や処理の仕方に疑惑を持たれないよう情報を開示しないと疑惑を持たれ、内部告発に繋がるリスクが生じます。

部下が扱う公金は直接、担当していないから自分には関係がない、といって責任を回避することはできません。金銭の授受や管理にはリスクが伴うことを認識し、正しく処理するように努めることが大切です。

過去を顧みず、将来に向けて努力せよ

○既往を顧みれば、後悔する点がすこぶる多い。しかし、その後悔が己を奮起せしめる動機となることも、また少ない。

過ぎた日々を顧みると後悔することが多い。だが、後悔して、自分の再奮起のための動機づけになったか、というと、動機づけにしている人は少ない、と青淵先生は言います。

故事に「覆水、盆に帰らず」と、あります、過ぎたことを何時までクヨクヨしてみても

問題の解決にはなりません。それよりも将来に向かって目標・計画を立てて、一歩、一歩、前進することが大事だと青淵先生は述べています。

私は小学生の頃、東京大空襲で九死に一生を得ました。まともな授業が受けられず、田舎に疎開し、多くのハンディキャップを負いました。後悔することが多かったのですが、過去に拘らず、前向き思考で努力しようと考えを改めました。やがて、少しずつハンディキャップを克服し、潜在的に持っていたコンプレックスも自然に無くなり、負い目を感じなくなりました。前向き思考に転換しなければ、一生、コンプレックスを持ち続けたかも知れません。年を経た現在でも前向き指向で努力することにしています。青淵先生の言葉に出会い、改めてこの言葉の持つ重みを感じました。

善き友を持て

○ 善き物は少なくして、悪い物は沢山あるごとく、善き友を得るは難しくして、悪しき友を得るは易い。しかるに人は益友を求めようとはせず、わが気に迎合するような、損友を喜ぶは、なお善き器物を顧みずして、粗悪なる器物を愛すると同じく、惑える、の甚だしきものである。

○信ずべき人と信ずべからざる人とを、区分するの標準は、志と、言と、行いとの三拍子揃った人なるや否やを観察するに在る。

世の中には良いものは少なく、悪いものは沢山あるように、善き友を得る事は難しく、悪しき友を得ることは易しい。人は益友を求めようとはしないで、自分と気の合う損友を選ぶのは、あたかも善き器物を顧みないで粗悪な器物を愛するのと同じで、惑えるも甚だしい。信用すべき人と信用してはならない人とを区別する標準となるのは、「志」、「言」、「行」の三拍子揃った人か、どうかを観察することである、と青淵先生は述べています。

「志」とは、どのような理想と具体的な目的を持って日々、努力しているか。「言」とは、話しを通じて、相手はどのようなことに関心を持っているか。相手の「行い」は、言っていることと行為・行動が一致しているか、を見極める必要があるというのです。

信頼すべき友人を持つには、このような尺度が必要ですが、同時に、益友を持つからには、逆に相手からみた自分自身が益友に値いしなくてはならない、ということです。

昨日の私は今日の自分ではない、明日の私は今日の私ではない、日々、脱皮しながら人格の向上に努めることが何よりも重要と考えます。

人との対応

○ 交際が親密になるほど互いに敬意を厚くするは、最も大切なことである。

○ 初対面の際や、儀式の時などは、人々とおのおのその心掛けをもって臨むゆえ、その態度は慇懃《いんぎん》に敬意を失うことはないが、懇親の度が進むと誰でも心が緩むから細かなことで間違いが起こり易い、ゆえに宴楽遊興《えんらくゆうきょう》の時などは、ことさら注意すべきことである。

○　人々と相交際するにあたりては、必ず誠意を本とすべきものである。
○　いかに忙しいときとても、仕事を考えながら人と談話しながら事務上に心を配るなどは、過誤を招く所以である。
○　応対談話の神髄は至誠である。

交際に親密さが増せば増すほど互いに敬意を厚くすることが大切だ。初対面の人は儀式等では緊張感を持って接するので、丁重に敬意を表し、失礼になることはないが、親しさが増すと誰でも心が緩み、細かなことで間違いを生じやすい。したがって宴会や遊びの時などは特に注意が肝要だ。人びとと交際をする際には、必ず誠意を持って接しなければいけない。どんなに忙しいときでも、人と談話しながら仕事を考え、事務に心を配ることは、間違いを招くもとである。応対し談話するうえで大切なことは、至誠である、と青淵先生は述べています。

人は、人間関係において親しさが増すに伴い、悪気がなくても、つい、礼を逸することがあります。現職の頃、忙しさのあまり、電話を掛けながら、書類を持参した相手とは話しをせずに決裁したり、ときには相手と話しをしながらも、仕事が気になって心の通い合う応対ができなかったり、相手に悪しき印象を与えたのではないか、とふと思うことがあります。

仕事が忙しければ忙しいほど心を落ち着かせて決して急ぐことなく、全力集中することが大事です。心が散漫になると人間関係や仕事の上で失敗しがちです。「遊びや娯楽のときも精神を打ち込むことが重要で、仕事をするうえで精神統一の基となる」と先生は述べていますが、このことは大変、重要なことだと思います。

欠点を省みて、必ず、改めよ

○ 手前味噌、自己免許、うぬぼれ、自慢、わがままなどは、必ず改めざるべからざる悪癖である。これを改むるには、克己複令の徳をもってせねばならない。克己とは私情に克つことにて、強固なる意志の力によるほかはない。かくて始めて本然の理性に複（かえり）たる克己複礼というのである。

手前味噌、自惚れ、自己免許、自慢、わがまま等は、必ず改めなくてはいけない悪癖である、これを改めるには、「克己複礼」（私欲を押さえ礼儀に適った行動）、徳のある行為・行動でなければいけない。

克己とは、私欲に打ち勝つことで、強い意志の力による他はない。このように努めることによって、本来の理性に基づき、自らの欲望を抑えることができるのである、と青淵先生は述べています。

われわれは、ともすると他人の欠点は目敏く気が付くが、自分の欠点となると意外に気づかないものです。自分の欠点を知っていても思うように改めることができないのです。一般に人は自分には甘く、他人には厳しくなりがちで、自分の都合のよいように解釈しがちです。そういう私も未熟なために数多くの欠点を持っています。改めようと思うのですが、なかなか改められない自分を歯痒く思い、もっと強い意志が必要だと自省することがあります。

偏《かたよ》らない正しい判断とは

○　楽しいとか、腹が立つとか、やや、もすれば極端に馳《は》せ易き感情の発作を制して、中正の道に合うようにするは、克己心の修養にあるが、実際容易なことではない。したがって修養は、常に、心の標準となるものを立てて置くを要する。キリストの博愛、釈迦の慈悲、孔子の仁義等は、すなわち、これらの要求に応ずるものである。

「楽しい」、「腹が立つ」とか、やや、もすると、極端に陥りやすい感情の発作を制し、中庸、かつ平常心を保つには、克己心を養う必要あるが、実際には容易なことではない。

したがって修養は常に心の標準となるものを持つ必要がある。キリストの博愛、釈迦の慈悲、孔子の教えの仁義等は、これらの求めに応じてくれる、と青淵先生は述べています。

感情や欲望の赴くままでは正しい判断はできません。そこで青淵先生は、キリスト、釈迦、孔子の教えを学ぶことが重要だと述べています。このことは、大事なことですが、更に思想、哲学等を学び「心の判断を持つこと」が重要です。幹部は物事に対する識見を持ち適正な判断力が求められます。人間としての教養、識見等、総合力が求められます。何が正しくて、何が正しくないかは、歴史や宗教から学ぶことが多いのです。人間学を学ぶには宗教を学ぶ必要があると私は思います。

宗教心

○ 偶像を拝したり、または神の人格的存在を信仰することは、余にはでき得ぬが、儒教にいう「天」だけはかたくこれを信ずる者である。この天とは、もとより無形無象の仮名であるが、これをおもうときは、余の心は常に善である。

青淵先生は「偶像を崇拝し、神の人格的な存在を信仰することはできないが、儒教でいう天だけは、かたく信じている、天は、姿や形のない仮の名であるが、天を思うときは私の心は、常に善である」と述べています。

信教の自由は、憲法で保障されているので宗教心を持つか、持たないかは個人の自由です。人間は、もともと弱い存在ですから迷いも多く、どう判断したらよいか惑うことが少なくありません。どんなに意思の強い人でも、ときには思い悩み、落胆し、自信を失うことが少なくありません。失意のときに心の拠りどころとなるのが宗教です。ところが日本人は一般に宗教心が薄いと云われています。先祖の供養、葬式ではお寺さんの世話になりますが、平素は観光を兼ねて社寺仏閣にお参りする程度で、宗教の教えを日常生活に取り入れて心の糧とする人は少ないように思われます。

宗教は人間にとって何かというと、神仏など超人的・絶対的なものを信仰することによって、心の安らぎを与えてくれます。人間はいかにあるべきか、生死とはなにか、ものごとの善悪等、倫理・道徳を教え、生きる力を与えてくれます。宗教心が伴わない経済至上主義の現代社会は、倫理・道徳観が欠如し、凋落しています。いずれの宗教であれ、宗教心を持つことは、正しい心を養ううえで大事なことだと思います。

慰安と娯楽

○　慰安を得る道はいくらもある。古器物をもてあそぶも可なり、茶をたて花を生け、或いは歌、俳諧や文を詠作するごとき、また木石を集め庭園を築きて楽しむごとき、みな可ならざるなし、しかし、もっとも容易にして、もっとも身に利あるは読書を第一とす。

一は、身心の慰安を得

一は、進歩向上の助けとなる

一挙両得と称すべきは、すなわち読書である。

○　慰安と相俟って人生の活動を助くるは娯楽である。百年不休に働き得るものではない。ゆえに大いに働く代わりに、大いに楽しまなくてはならない。「よく務め、よく遊べ」とはこのことをいう。
○ 娯楽には邪悪なものと善良なるものがある。人はすべからく善良なる娯楽を選ぶべきである。

心を慰め安らかにしてくれるものには、いろいろなものがある。古器物、茶道、生花、歌、俳諧、詩歌、庭園を築いて楽しむのはよいことである。しかし、最も簡単で身に利あらしめるのは読書が第一である。読書は「心身の慰安」、「進歩向上」の助けになる。一挙両得とは、即ち読書である、また慰安と相俟って人生の活動を助けてくれるのは「娯楽」である、人は百年、休むことなく働き続けることはできない、大いに働く代わりに大いに楽しまなくてはいけない。「よく働き、よく遊べ」とはこのことである。そうはいっても娯楽には邪悪なものと良いものがある。人はだれでも善良な娯楽を選ぶべきである、と青淵先生は述べています。

青淵先生は、「慰安」と「娯楽」を区別しています。

①「慰安」とは、日ごろの労を慰めてねぎらうこと、

②「娯楽」とは、仕事・勉学などの余暇に人の心を楽しませ、慰めてくれるもの、

③「趣味」とは、物事が持っている面白味。深い味わい。物事の面白味や趣を味わえる感覚や能力、をいいます。

青淵先生が言う「慰安」とは、読書、古器物、茶道、生け花、歌、俳諧等を例示していますが、「慰安」は、むしろ趣味と理解した方が分かりやすいのではないかと私は思います。先生は「慰安は読書をもって第一とする」と述べていますが、現代社会は昔と異なり、趣味、娯楽は著しく多様化し、多くの選択肢があります。このため読書離れが進んでいます。古典や歴史を知らない、字をまともに書けない若者が増えている現状を考えますと、読書を第一とすることは大変、重要なことだと思います。いつの時代でも広くものごとを知り、心を安らかにし、知識を豊かにするには、読書に勝るものはないと思います。

青淵先生は、「娯楽」の必要性を説くと共に、よく努め、よく遊べと述べています、「遊び」は、「善良なる遊び」を選べ、と述べています。遊びや娯楽には、ゴルフ、ドライブ、パチンコ、映画、競馬、競輪、賭博、サウナ、飲食、旅行、釣り等さまざまです。先

生の言う善良な娯楽とは、健全な娯楽を意味します。遊びが多様化した今日、同じ遊ぶにしても健全な遊びが肝要です。

日本人は、まだまだ仕事人間が多く、遊び上手ではありません。よい趣味（青淵先生のいう慰安）を持ち、大いに遊ぶ（あえて趣味と娯楽を分けなくても、趣味を持つことで十分に心を癒すことができます）。ことは、よい仕事をするうえで、大変、重要なことだと思います。

道理

○ 一挙手一投足、陰に陽にすべて道理に合うのが君子で、これにはずれるのが小人である。

○ 道理を踏みはずさぬようにするには、博く学んで事物の是非を知り、七情の発動はなるたけ一方に偏せぬように心掛くるが一番大切である。

○ 人間行動の標準は、功の成る成らぬではなく、事の正不正にある。

「細かな一つ一つの動作・行動、蔭日向のない道理に適うことが君子（徳行の正しい人、人格者）であって、道理に反する人は未熟な人だ。道理に反しないようにするには、広く学んで、ものごとの是々非々を知り、七情を表すときは一方に偏らないように心掛けることが大切である、人間の行動の目安は「成功したか、不成功であったか」ではない、ことを為すにあたって「正しい行いか、不正な行為かにある」、と青淵先生は述べています。

青淵先生は、「七情の発動は、なるべく一方に偏らないこと」だと述べています。七情とは、喜・怒・哀・楽・愛・悪・欲（仏教語大辞典、中村　元、東京書籍）を意味し、喜ぶ、怒る、哀れむ、楽しむ、愛する、道徳に反する、欲するという気持ちが度を越すことのないようにすることが大事だというのです。感情をあらはにすることは、品位に欠けるので注意が肝心です。人間行動の目安は、成功、不成功ではない。ことを為すにあたり、正しい行いか、不正な行いか、にあるのだと青淵先生は述べていますが、重要なことだと思います。

成功とは

○　人の成功は、実行にあり。

青淵先生は「何事も成功するには、目標を決めて実行すること」にあると述べています。

「不言実行」とか、「有言実行」といいます。口先は達者でも、一向に実行に移さない人がいます。物事は実行することによって結果が出てくるのです。失敗することもあれば、成功することもあります。失敗すれば、その原因を究明し、創意工夫し、実行を繰り返すことによって成功への道が開けてくるのです。先生は「人の成功は実行にあり」と述べていますが、実行すれば必らず成功するとは限りません。しかし、なにごとも実行しなければ絶対に成功することはないのですから、成功するには実行するしか方法はないのです。

親切心

○　要らぬ親切は、これを受ける者こそ迷惑なり

青淵先生は、「必要のない親切は、受ける者にとって迷惑なことである」、と述べています。

人に対して不親切であるよりは親切である方が良いことは世間の常識です。しかし、相手が欲しないのに相手が悦ぶと思い、強いて親切心や心遣いをすることは、相手にとって「ありがた迷惑」になることがあります。

私は、要らぬ親切心を発揮して失敗したことがあります。ある会社に勤務していた当時、街の食堂で昼食を摂っていると、同じ職場の親しい（女性）事務員が数人、入ってきました。「やあ～」と軽く笑みを浮かべながら挨拶し、彼女達は別の席に座りました。食事を済ませた私は先に席を立ち、レジで彼女達の分も含めて支払いました。昼食でしたか

ら大した金額ではなく、他意もなくした事でしたが、これが失敗でした。

職場に戻ると、店で会った女性の一人が険悪な顔をして私のところにやってきました。「どうして私の食事代を払ったのですか！　あなたに食事代を払って頂く理由はありません！」と言って、机の上にお金を置いて行ってしまいました。私は突然のことで返す言葉もなく、ただ唖然としていました。

そういえば、昔、消防署に勤務していた頃、街の中華そば屋に入ると、関係団体の役員と偶然、出会いました。その方は食事が終ると、レジで私の分まで支払いを済ませて先に帰りました。相手の好意でもあるので、食事代を返しに後を追いかけるわけにも行かず、後日、その方に会ってお礼を述べたことがありました。うかつにも同じ事をしてしまったのです。

一寸した心遣いのつもりでしたことが却って相手の心情を傷つけてしまい、失礼なことをしてしまったことに気付きました。他の二人の事務員は、「ご馳走様でした」と快く言ってくれましたが、お金を返しにきた女子事務員の家庭では、他人から意味の無い芳志を受けてはいけない、と厳しく躾されていたのかも知れません。あるいは私との関係において信頼し合う人間関係が無かったのかも知れません。ここで述べておきたいことは、押し付けがましい親切心や心遣いは控えなければいけないということです。

自発心

○　世の中に自発心のない者ほど始末の悪いものはない。

青淵先生は、世の中に「自発心のない人ほど始末の悪いものはない」、と述べています。「自発心」とは、何事も自ら進んで努力しようとすることを意味します。自発心のある人とは、自ら目的を持って努力しようとする意欲、情熱を持った人を意味します。職場には自発心のある人、ない人、様々です。自発心のある幹部・職員が多い職場は、士気も旺盛です。特に組織のトップに立つ人は自発心が必要です。日々の仕事がマンネリ化すると、とかく惰性に陥り易いので注意が肝心です。

自発心のない人は、行動力が鈍く、目に輝きがありません。こういう人が幹部になると組織の活力が失われます。自発心に欠けたら健康に不安があるのか、悩みごとがあるのか点検してみることです。やる気のない部下についても同じで、仕事上の悩みであれば、具体的な目標の立て方、仕事の手順について指導する等、きめ細かな配慮が必要です。

人の過ち

○　過ちは過ちとして、その人を葬るなかれ。

過ちは過ちとして、その人の社会的な立場を失わせてはいけない、と青淵先生は述べています。

失敗や事故・不祥事を起こして組織に迷惑や損害を掛けると一生、うだつが上がらないことがあります。一口に過ちといっても、道義的なことから犯罪行為に至るまで様々ですが、青淵先生の言う過ちは、重大な犯罪事件を意味するのではなく、誠意を持って努力しながら失敗したケースを意味するものと思われます。

人は、いろいろと失敗し経験することによって能力を磨き高めることができます。仕事のうえで良い結果を出すにはリスクが伴います。失敗したからといって、組織が厳しく制裁を加えると、働く者はリスクに挑戦しなくなります。特にものごとの改善、新しい制度の創設、技術の導入にはリスクが伴いがちです。失敗を恐れ、前例踏襲主義で大過なく仕事をする職場は発展しません。

ドラッカーは「マネジメント」という著書で、「間違いや、へまや、失敗をしないような人間だけは信用してはならないということである。そのような人間は、みせかけだけの食わせ者であるか、無難ことや、実証済みのことや、下らないことにしか手をつけない人間である」（P・F・ドラッカー「抄訳　マネジメント」、p・237　ダイヤモンド社）。と述べています。

過ちを犯すのは人間の常です。人は失敗を繰り返し、経験を積み重ねることによって成長し成果を上げることができるのです。

あとがき

本書のタイトルは、当初、「幹部はいかにあるべきか」にする予定でしたが、いかにあるべきか、という表現は、あまりにも漠として捉えどころがないので「幹部の能力開発・自己啓発」に改めました。ところが能力開発・自己啓発に変えてはみたが、能力開発・自己啓発もまた具体的にどう努力すればよいか漠とした概念であることには変わりがないのです。無責任な言い方ですが、この問題は、とどのつまり自分なりに創造性を持って、努力精進に努めるしか方法がないということです。

現代人は、自ら考えようとはしない、なにか具体的な方法を示さないと動かない社会だといわれます。自ら創造性をもって挑戦する意欲がなければ、本書の目的に沿うことはないのです。

消防大学校、消防学校等の研修は勿論、重要ですが、職場での勤務、長い人生生活からみれば、一瞬の星の瞬きにしか過ぎないのです。能力開発・自己啓発の問題は、地味ではありますが、弛みない努力の継続が充実した職場生活、充実した人生を送るうえで重要なのです。

努力をすれば必ず良い結果が得られるとは限りませんが、努力なしに充実した人生、成功した話しは未だ聞いたことがありません。ひたすら努力を続けることによって、ある日、ある時、突然、新たな自分を発見し、他から良い評価を受けるのだと思います。

能力開発、自己啓発の問題は、「習字」と「書道」の関係に似ているように私には思えます。同じ毛筆で字を書くにしても、ここには大きな違いがあります。

「習字」とは文字を正しく美しく書くための練習または書写をいいます。これに対して「書道」は毛筆を使って、文字を書く芸道、または毛筆による書の美を著す芸術（明鏡国語辞典）を意味します。

「習字」はお手本を基に練習を繰り返しながら基礎を学ぶことであり、「書道」は書の美を著す芸術を意味することとを考え併せると、有能な幹部になるには、基礎（ものごとの原理原則）を学び、更に、風格のある人間形成、主体的なものの見方・考え方等、独自性を持つことが必要です。数多くの本を読み、見聞を広め、経験を積んで人間性を高めることが求められます。

組織のうえに胡坐《あぐら》をかき、無為無策で前例踏襲主義でものごとを考えて処理していないか、自省することも大事なことです。ときには常識を打ち破り、勇気を持ってリスクに挑戦し、新たな改革を目指す幹部でなければ、活力ある職場を作り、組織を発展させることはできません。弛みない能力開発・自己啓発こそ、なににもまして重要なことだと思います。

本書は、消防幹部を対象にしましたが、消防に限らず、いずれの職場においても幹部としての基本、あるべき姿は同じです。本書が能力の向上、自己啓発を図るうえでの動機付けの一助になれば、これに過ぎる喜びはありません。内容において未熟な点が少なくないと思われますが、ご叱正、ご指導をいただければ幸いです。

本書を出すにあたり、多くの方々にお世話になりました。特に、上野　栄氏には、力強いアドバイスや原稿を精査していただく等、多大なご支援を賜りました。また近代消防社社長、三井栄志氏には、出版のご快諾をいただきました。これもひとえに関係者の方々のお力添えによるもので、この場をお借りして心から深く感謝とお礼を申し上げます。

平成二〇年　新緑の頃

著者しるす

参考文献

渋沢栄一訓言集　　青淵回顧録刊行会

青淵先生訓言集　　青淵回顧録刊行会

青淵回顧録（上・下）　小貫修一郎編著　青淵回顧録刊行会

青淵先生六十年史（一・二巻）　龍門社

公益の追求者　渋沢栄一　渋沢研究会　山川出版社

太平洋にかける橋　渋沢栄一の生涯　渋沢雅英　読売新聞社

ガーンティー聖書　　岩波文庫

啓発録　橋本左内　伴五十嗣郎訳　講談社学術文庫

般若心経　金岡秀友　講談社学術文庫

現代語訳　般若心経　玄侑宗久　ちくま新書

洞察力　中山正和　ＰＨＰ文庫

五輪書　鎌田茂雄　講談社学術文庫

武士道　新渡戸稲造・矢内原忠雄訳　岩波文庫

武士道　新渡戸稲造　岬隆一郎訳　ＰＨＰ

言志録　佐藤一斎　久須本文雄訳　講談社

佐藤一斎・大塩中斎　岩波書店
正法眼蔵（巻一〜四）　誠信書房
老子・荘子　明治書院
老子の思想　張　鐘元　上野浩道訳　講談社学術文庫
後世への最大遺物・デンマルク国の話し　内村鑑三　岩波文庫
危機管理とリスクマネジメント　亀井利明　同文舘出版
ソーシャル・リスクマネジメント論　亀井利明　日本リスクマネジメント学会
人間であること　時実利彦　岩波新書
消防行政管理…職場のリスクマネジメント　高見尚武　近代消防社
人間この未知なるもの　アレキシス・カレル渡部昇一訳　三笠書房
知的生活　P・G・ハマトン渡部昇一、下谷和幸訳　講談社学術文庫
プリンプルのない日本　白洲次郎　新潮文庫

《著者紹介》

高見　尚武（たかみ　しょうぶ）

東京生まれ

一九六一年三月　中央大学法学部卒業後、東京消防庁に入庁、荏原消防署長、消防大学校副校長、企画課長、第三消防方面本部長、消防学校長、指導広報部長、予防部長を経て、セゾングループ顧問（一九九二～一九九八年）。現在、災害リスク管理研究会代表、消防大学校講師、企業危機管理士（日本ＲＰ学会終身資格）。消防のマネジメント教育、災害の危機管理・リスク管理に関する執筆等。

●日本リスク・プロフェショナル学会評議員
●米国防火協会（ＮＦＰＡ）会員
●日本山岳写真協会会員

主な著書

地震百科（共著）　白亜書房
災害事故トラブル解決大百科（共著）　講談社
実務のための消防行政法　東京法令出版
リスクに備える職場の管理　研修館
消防のリーダーシップ・部下指導　東京法令出版
消防小論文の書き方と対策　東京法令出版
災害危機管理のすすめ（日本ＲＰ学会賞受賞）　近代消防社
若き消防士に贈る言葉（近消新書No.１）　近代消防社
消防行政管理…職場のリスクマネジメント…　近代消防社

✡✡✡✡✡✡✡✡✡✡✡✡✡✡✡✡✡✡✡✡✡✡✡✡✡✡✡✡✡✡✡✡✡✡✡✡✡✡

幹部の能力開発・自己啓発

平成二〇年七月二〇日　第一刷発行

著　者―高見《たかみ》　尚武《しょうぶ》　©二〇〇八
発行者―三井　栄志
発行所―近代消防社
〒一〇五―〇〇〇一
東京都港区虎ノ門二ノ九ノ一六（日本消防会館内）
ＴＥＬ　〇三―三五九三―一四〇一
ＦＡＸ　〇三―三五九三―一四二〇
URL=http://homepage3.nifty.com/kinsyo/
E-mail=fvgp0140@mb.infoweb.ne.jp
振替＝〇〇一八〇―五―一一八五

印刷―長野印刷商工
製本―ダンク　セキ

検印廃止　Printed in Japan
落丁本・乱丁本はお取り替えいたします。
ISBN978-4-421-00769-5 C2030 定価はカバーに表示してあります。